Les Saints Tutélaires De L'église De Riez, Ou Vie Des Saints... Maxime, Fauste Et Thècle... - Primary Source Edition

Jean-Joseph-Maxime Feraud

PRÉFACE.

En attendant qu'il plaise à la divine Providence de nous permettre de publier une histoire
complète de l'Église et de l'ancien diocèse de
Riez, nous offrons aujourd'hui à nos concitoyens
un fragment de ce travail.

Sous ce titre : *Les Saints tutélaires de l'Église
de Riez*, nous proposons à la piété et à la vénération des fidèles une histoire exacte et circons-
tanciée des actions, des vertus et de la vie des
saints pontifes Maxime et Fauste, et de la glorieuse vierge et martyre Thècle. Les deux premiers ont vécu parmi nous, illustrant le siége
épiscopal de Riez par l'éclat de leur réputation,
de leurs lumières et de leur sainteté, propageant
dans la province aimée des Romains, l'amour
et l'étude des belles-lettres, et ajoutant un nouveau fleuron à la couronne qui ceint le front de
l'Église gallicane. La troisième fut l'ornement des
temps apostoliques, et se plaça la première à la
tête de cette multitude de vierges et de martyres
que l'Évangile a enfantés et dont le monde étonné
admira l'héroïsme. L'Église de Riez la reconnaît
et la vénère comme sa patronne ; elle l'invoque
au même titre que Maxime et Fauste ses protecteurs particuliers dans le ciel, il convenait donc
de joindre la Vie de Sainte Thècle à celles des

deux plus anciens évêques connus de notre Église.

Notre travail aura le double avantage de reproduire et de compléter tout ce que les divers historiens ont consigné dans leurs écrits touchant ces trois saints personnages, et de le présenter aux lecteurs dans une langue qui leur est familière et usuelle. Il fera mieux connaître et mieux apprécier et vénérer les protecteurs d'une église que le pape Pascal II appelle SAINTE et dont l'établissement remonte aux temps apostoliques.

Pour ne rien omettre de ce qui peut intéresser la piété des fidèles, nous avons enrichi notre ouvrage d'un recueil de prières en l'honneur de ces Saints. Avec la messe et l'office notés, extraits des plus anciens livres à l'usage de l'église de Riez, on trouvera les litanies, en latin et en français, de Saint Maxime, de Saint Fauste et de Sainte Thècle. Ces prières sont inédites, et pourront être récitées avec fruit les jours auxquels l'Église célèbre les fêtes de ces Saints et pendant l'octave de ces mêmes fêtes.

Puisse le Seigneur agréer et bénir ce travail, et ranimer dans le cœur de tous ceux qui le liront les sentiments d'une foi vive qui les porte à l'imitation des vertus chrétiennes, dont nos saints protecteurs nous ont donné l'exemple.

———

VIE
DE SAINT MAXIME,

DEUXIÈME ABBÉ DE LÉRINS, ÉVÊQUE ET PATRON
DE L'ÉGLISE DE RIEZ (1).

Felix terra quæ talem genuit, felicior quæ erudivit!
Sit sanctificata quæ dedit, sit benedicta quæ reddidit.

Heureuse la terre qui a donné le jour à un homme si
illustre, plus heureuse encore celle qui l'a formé! que
celle qui l'a donné, soit sanctifiée; que celle qui l'a rendu, soit bénite.

(Saint Fauste, *Homélie de Saint Maxime*)

---

§ 1er. — SA NAISSANCE ET SA JEUNESSE.

Saint Maxime naquit dans le diocèse de Riez, vers l'an 388,
dans son propre château de Comer ou Decomer, village alors
considérable et connu dans les siècles suivants sous le nom de
Cornette, *castrum de Corneto*, et enfin sous celui de Château-
Redon. Ses parents, qui joignaient à la noblesse de leur ori-
gine la pratique des vertus chrétiennes, le firent baptiser de
suite après sa naissance, non-obstant la coutume alors reçue
de différer le baptême jusqu'à l'âge viril ou même à un âge
plus avancé. Ils apportèrent un soin tout particulier à son
éducation : leurs paroles soutenues de leurs exemples ins-
pirèrent ainsi à notre jeune Saint une humilité profonde, une

---

(1) Tirée du manuscrit de Jean Salomé, revu, corrigé, classé dans
un ordre meilleur, et de plus enrichi de notes qui sont autant de pièces
justificatives.

Ce travail est calqué sur la vie de Saint Maxime par Dyname Patrice,
gouverneur de Provence, qui l'écrivit sur l'invitation d'Urbicus, évêque de
Riez, vers l'an 580; sur l'*Elogium de Sancto Maximo* par Saint
Fauste, que l'Évêque Doni d'Attichy fit réimprimer en latin et en français en 1614; sur les Chroniques de Lérins, etc., etc. On peut consulter
sur le même sujet, Tillemont, t. XV; Fabricius, *Bibl. mediæ et in-
fimæ latinitatis*, l. 5, vol. 11, p. 209; Rivet, *Hist. litt. de la
France*, t. 11, p. 337; Godescard et autres.

solide piété qui le rendirent digne du nom glorieux de Maxime qui signifie très-grand. Il le fut en effet devant Dieu et devant les hommes.

Ce qui le rendit encore un parfait chrétien, ce fut le zèle qu'il eut, depuis sa jeunesse jusqu'à la fin de sa vie, d'acquérir toujours quelque nouvelle vertu, comme si chaque jour il n'eût fait que commencer de servir Dieu (1). Appliqué à se rendre maître de ses passions en un âge, où il semble que l'on n'est pas libre de ne pas les suivre, il conserva avec une fidélité constante, dans les occasions même les plus délicates, la pureté de ses mœurs et son innocence baptismale. Trésor inestimable, pour la conservation duquel les jeunes gens ne sauraient prendre trop de précautions.

A l'âge d'environ dix-huit ans, il voua généreusement à Dieu sa virginité. Fermement résolu d'être fidèle à ce vœu, il rejetta avec horreur les moindres plaisirs séduisants, et se fit un devoir journalier d'affaiblir, par l'abstinence et par des jeunes réitérés, les forces du corps qui deviennent souvent si préjudiciables au salut. Tout cela ne suffisant point à son zèle, il se revêtit d'un cilice qu'il ne quitta plus, et prit plus de soin encore qu'auparavant de combattre ses passions, de prévenir même avant leur naissance les vices les plus dangereux, par tant d'austérités et de mortifications qu'il semble que, pour acquérir la gloire du martyre, rien ne lui ait manqué, si ce n'est un tyran qui le persécutât (2).

Une conduite si édifiante lui attira aisément le cœur et l'admiration de tous ceux avec qui il avait à vivre. Son regard obligeant, la douceur de ses paroles, la tranquillité de son

---

(1) Cùm à prima ætate novis virtutibus usque ad finem quasi semper incepisset, inter ipsa primordia consummatus apparuit. *(S. Faustus, in hom. de S. Maximo.)*

(2) Diù enim sub habitu sæculari, Christi militem gessit : et diù in hunc mundum positus, extrà mundum fuit. Omnia vitiorum carnalium incentiva assiduâ corporis maceratione repellens. Vitia ipsa priusquàm nata essent, sic abstinentiæ et cilicii usu continuo coercebat, ut ei ad martyrium, non nisi lictor externus defuisse videatur. *(Ibid. S. Faustus.)*

esprit et sa modestie qui paraissait jusque dans ses habits, le rendaient vénérable à tous ceux qui le voyaient. Affable, officieux à l'égard de tout le monde, entièrement détaché des choses de la terre, libéral envers les pauvres, plein de tendresse et de compassion pour les malheureux, doué d'une patience inaltérable, d'un courage à toute épreuve, d'une grandeur d'âme qui le rendait supérieur à tout évènement fâcheux, il réunissait en un mot dans sa personne toutes les qualités que le monde recherche et admire.

Maxime ne mit pas moins d'ardeur à orner son esprit de toutes les connaissances utiles, qu'à orner son cœur de toutes les vertus chrétiennes. Comme il avait du génie et qu'il aimait la lecture, il s'appliqua avec tant de soin à l'étude des belles-lettres, qu'il surpassa l'attente de ses maîtres. Il fut bientôt en état de chercher dans les saintes écritures la nourriture céleste après laquelle il soupirait. C'est ainsi qu'il fit servir la louable passion qu'il avait pour l'étude, et les talents de son esprit au profit de son âme par la méditation sérieuse des vérités du salut. Il était en effet persuadé qu'un homme distingué par sa naissance doit être mieux instruit de ses devoirs et de sa religion que le commun des hommes. Avec une telle conduite et des sentiments pareils, le jeune seigneur devint la bonne odeur de Jésus-Christ, non-seulement à Décomer où, selon toute apparence, il fit ses études; mais encore dans tout le diocèse et les autres contrées du voisinage.

§ 2. — SAINT MAXIME RENONCE AU MONDE ET EMBRASSE LA VIE MONASTIQUE.

Ce fervent soldat de Jésus-Christ, ne se croyant point assez fort contre les dangers auxquels est exposé le salut dans le monde, forma le projet d'embrasser l'état religieux. Toutefois, il voulut s'assurer auparavant de l'exécuter, si Dieu l'appelait réellement à cet état. Il fit de longues et sérieuses épreuves sous l'habit séculier, et passa ainsi plusieurs années dans son pays et au sein de sa famille, dans la pratique des vertus chrétiennes et dans toute l'austérité de la vie solitaire. Enfin, après s'être longtemps éprouvé et s'être bien instruit des grandes bénédictions que le Seigneur répandait sur le monastère que Saint Honorat avait fondé, vers l'an 400, dans l'île de Lérins, entre Antibes et Fréjus, il quitta généreusement et tout d'un coup sa famille, ses amis et les grandes richesses qui lui étaient destinées, pour aller s'enfermer dans cette bienheureuse solitude. C'est ainsi que Maxime apprend par son exemple aux personnes qui veulent embrasser l'état religieux, à se bien éprouver auparavant, à connaître à loisir l'étendue des devoirs qu'ils vont contracter, à rechercher la maison où la règle est le mieux observée, à surmonter enfin avec courage et promptitude les obstacles qui s'opposent à leur vocation.

Saint Honorat, ayant reconnu les heureuses dispositions de Maxime et la certitude de sa vocation, le reçut avec joie au nombre de ses disciples. Maxime de son côté fut rempli d'allégresse en se voyant admis en la société de tant de saints religieux accourus des provinces même les plus reculées de l'empire romain pour se ranger sous la conduite du saint fondateur. On admira son exactitude à observer la règle et la discipline du monastère; aussi, après sa profession publique, il ne commença pas tant à être ce qu'il n'était pas auparavant, qu'à découvrir ce qu'il avait été toujours. Son humilité, sa douceur, son amour pour la pauvreté évangélique, son recueillement perpétuel, son esprit de mortification, sa ferveur, son application à la prière et son détachement général des choses de la terre, furent un sujet continuel d'édification pour ses frères. Il s'éleva enfin à un si haut point de perfection, que tous les religieux dont il s'estimait être le dernier, le regardaient presque déjà comme leur maître.

§ 3. — SAINT MAXIME EST FAIT ABBÉ DE LÉRINS.

Maxime passa ainsi sept ans dans l'obéissance et l'état de simple moine, quand sur la fin de l'an 426, Saint Honorat, élu évêque d'Arles, voulut l'établir en sa place d'abbé. Ce choix reçut l'approbation de toute sa sainte et nombreuse

communauté, et notre Saint fut contraint de se soumettre à
la volonté de Dieu manifestée par une élection si unanime.
Il accepta, mais en tremblant, la charge qu'on lui imposait,
et la remplit sept ans entiers en bon père et en vigilant abbé.
Prenant en toutes choses son prédécesseur pour modèle, il
s'appliqua à maintenir le bel ordre qu'il avait établi à Lérins.
Aussi, comme l'a fait remarquer l'auteur de sa vie, la plus
grande louange que l'on puisse donner à Maxime, ne consiste point en ce qu'il fut jugé digne de succéder à Honorat,
mais en ce qu'il égala cet illustre fondateur en mérites et en
vertus (1).

Ce ne fut point en procurant à ses religieux les richesses
et les autres commodités de la vie, que Maxime rendit son
monastère heureux et célèbre. Ses instructions journalières,
soutenues de ses bons exemples, y formèrent de parfaits
religieux ; et sous lui, la solide piété et la pénitence fleuri-
rent autant que les bonnes études qu'il y établit et dirigea
lui-même, et qu'un de ses disciples appelle *études angéliques*
ou dignes des Anges. Aussi le savant père Mabillon avoue-
t-il *(Études monastiques,* p. 1, p. 5.), « que Lérins servit en
cela de modèle à la plupart des autres monastères. » Cela
ne contribua pas peu à la gloire de notre Saint. On peut
juger de l'état florissant des études à Lérins par ce qu'il nous
reste encore des ouvrages de Saint Hilaire d'Arles, de Saint
Eucher de Lyon, de Salvien et de Vincent de Lérins. Comme
rien ne s'y faisait que par obéissance aux ordres de l'abbé,
c'est proprement à Maxime que l'Église est redevable de
l'excellent ouvrage contre toutes les hérésies nées et à naître,
donné par le même Vincent sous le nom de *Commonitoire.*
Cet ouvrage doit nous être d'autant plus cher qu'il contient
les principes de la plus sainte théologie que Maxime en-

---

(1) Saint Fauste exprime la même pensée en termes plus élogieux encore : *Dignus cui ille primus fundator, gubernacula Lerinensis
navis post se gubernanda committeret : atque ut alter Elias ad
superna migraturus, Eliseo discipulo pallium pietatis et gratiæ,
ac præclara meritorum indumenta traderet, et in se augendus et
in filio duplicandus.* (Ibid.)

seigna à Lérins, et ensuite à Riez, où il transporta les mêmes études.

Le Commonitoire fut principalement rédigé contre l'hérésie de Nestorius qui refusait à Marie le titre de Mère de Dieu. Déjà avant le concile d'Éphèse, tenu en 431, tout Lérins avait hautement professé sa croyance à ce sujet. Si d'ordinaire on représente Saint Maxime aux pieds de Marie, première patronne de l'église de Riez, c'est pour rappeler qu'il en avait soutenu la dignité de mère de Dieu avec tous les religieux qui furent par lui formés aux saintes lettres et à la vertu, et dont la plupart furent élevés à l'épiscopat.

§ 4. — PORTRAIT DU SAINT ABBÉ.

Voici en quels termes son disciple et son successeur, Saint Fauste, nous dépeint l'illustre abbé de Lérins : « Maxime » avait le corps grand et robuste, mais exténué par la péni- » tence. Un port majestueux et de nobles manières préve- » naient en sa faveur. Une certaine grandeur d'âme paraissait » accompagner sa taille avantageuse, et l'on voyait comme » peinte sur tout son extérieur la vraie image de la sainteté. » Il avait à la vérité dans sa démarche quelque chose qui » donnait de la crainte; mais son aspect inspirait en même » temps de la vénération. On eût dit, à le voir, qu'il allait » sans cesse affronter notre redoutable ennemi, par l'éclat » qui brillait sur sa face, par la force de ses regards, par son » grand courage qui se manifestait au-dehors. Il avait le rare » secret de se faire craindre par la sévérité, et de se faire » aimer et respecter par la douceur. Il tempérait par une » humble débonnaireté et par des manières insinuantes les » corrections qu'il était obligé de faire par autorité et par le » devoir de sa charge. Son air paraissait austère à cause des » rides du front produits par sa grande pénitence; mais il » gagnait en même temps les cœurs par la tranquillité et le » calme du sien. En un mot, la diversité des grâces et des » talents s'accordant en lui, il semblait être Saint Paul par » le visage, et Saint Pierre par l'esprit : joignant si bien en- » semble la sévérité de l'un et la douceur de l'autre qu'on ne

» pouvait presque soutenir sa présence et sa vue, et qu'on
» pouvait moins encore supporter son éloignement. Pour ce
» qui est de ses biens intérieurs, c'est-à-dire de ses vertus,
» comme personne n'a jamais pu en avoir une entière con-
» naissance, personne aussi ne le saurait bien expliquer. Car,
» autant il s'efforçait de les accroître et de les cultiver,
» autant il prenait de soin de les cacher ; et l'on peut avec
» justice lui appliquer ces paroles du Psalmiste : *Toute la*
» *gloire de la fille de Sion est dans son cœur.* »

§ 5. — VIGILANCE DE MAXIME CONTRE LES ILLUSIONS DU DÉMON.

Le saint abbé ne se bornait point à instruire ses religieux
et à les occuper saintement pendant le jour, il veillait encore sur eux pendant la nuit. Tandis qu'ils reposaient,
Maxime faisait ordinairement chaque soir la visite du monastère et de toute l'île qui est fort petite, pour s'assurer si partout régnait l'ordre convenable. Cette sollicitude irrita si fort
l'ennemi commun des hommes, qu'il mit tout en œuvres pour
le détourner de cette sainte préoccupation. A chacune de ses
ruses, le Saint qui mettait toute sa confiance dans Jésus cru-
cifié, opposait les armes de la foi, et dissipait ses faux pres-
tiges par le signe de la croix : nous enseignant par là à nous
munir du même signe dans les tentations et les périls, car
c'est un signe efficace qui rappelle les principaux mystères de
la foi, et dont la pratique universelle dans toute l'Église vient
des apôtres et est même reconnue des protestants.

Un soir que notre Saint faisait sa visite ordinaire, accompagné d'un jeune moine qui, par curiosité ou par affection
pour lui, avait demandé à le suivre. Le démon se présenta
tout à coup à eux sous la forme d'un géant d'une figure
énorme et terrible. Le Saint n'en fut point épouvanté, mais
son compagnon fut atteint à l'instant même d'une fièvre si
violente qu'il lui fallut retourner au monastère d'un pas tremblant. Le démon, voyant le saint abbé tout seul, se promit de
le vaincre plus facilement et de l'intimider pour toujours. Il
lui apparut alors sous la forme d'un dragon furieux et
menaçant; mais à peine Maxime eut-il fait le signe de la croix,

que ce dragon menaçant , épouvanté à son tour, disparut et s'évanouit. Le pieux abbé acheva paisiblement sa visite, rentra dans le monastère où il trouva le jeune moine demi-mort et accablé par la fièvre. Tombant alors à genoux auprès du lit du malade , il adresse à Dieu une prière si fervente , qu'il en obtient une entière et parfaite guérison. Ainsi dans la même soirée , il triompha par trois fois de l'esprit infernal', et procura au Seigneur de solennelles actions de grâces, tant de la part du moine guéri miraculeusement, que de toute la communauté instruite de ce prodige (1).

Une autre fois, cet excellent pasteur , faisant pareillement sa visite ordinaire, s'approcha du rivage, à l'endroit où était un petit port appelé *Môle*. Il y aperçut un navire chargé et plusieurs matelots qui manœuvraient à grande force, rangeant tout l'attirail et tous les agrès du bâtiment. A mesure qu'ils débarquaient , deux d'entre eux se détachant de la troupe , s'approchèrent du saint abbé, et lui dirent qu'attirés en ce lieu pour affaires de négoce, ils espéraient réaliser un gain énorme; qu'ayant ouï parler d'un homme de bien, nommé Maxime, aussi illustre par sa sainteté que par sa réputation connues dans les pays d'outre-mer, et tellement désiré en Syrie et en Palestine, que s'ils étaient assez heureux que de le trouver et de l'emmener avec eux à Jérusalem , ils estimeraient cet avantage au-dessus de tous les gains qu'ils pussent faire dans leur commerce; que ce voyage du reste ne pouvait être que fort avantageux pour Maxime , puisqu'il arriverait dans un pays où l'appelaient les vœux de chacun, et où il pourrait gagner bien des âmes au Seigneur.

L'homme de Dieu, que ce langage insidieux blessait si fort dans son humilité, soupçonnant aussitôt une nouvelle ruse, un nouveau combat livré par l'ennemi du salut, s'arme du signe de la croix , implore le secours du ciel et répond avec autorité : « La malice de l'imposteur ne peut tromper les sol-

---

(1) Ce prodige rapporté par Saint Fauste et par Dyname Patrice , se trouve consigné dans la légende du Saint. Voir le *Propria SS. Ecclesiæ Regensis.*

dats de Jésus-Christ ; et le malin esprit par ses artifices ne saurait faire illusion à ceux à qui Dieu donne la grâce de connaître sa méchanceté et de prévoir tout ce qu'il invente pour les perdre. Quant à cette île, elle a été si bien munie par les prières du bienheureux Honorat, que le démon n'y a plus aucune entrée, ni aucun pouvoir de lui nuire. »

A ces mots, navire et matelots disparaissent ; et le Saint, retournant promptement à l'église du monastère, convoque ses religieux avant l'heure ordinaire, fait chanter l'office, et rend de solennelles actions de grâces à celui par le secours duquel il avait remporté une si glorieuse victoire (1).

§ 6. — MAXIME FAIT DE GLORIEUSES PERTES.

Dès les premières années de son administration, Maxime se vit enlever plusieurs de ses disciples. Sa communauté devint comme un séminaire qui fournit à l'Église Gallicane d'illustres métropolitains, de grands évêques et d'excellents prêtres. Il n'est donc point hors de propos de donner ici une nomenclature succincte des principaux d'entre eux, d'autant plus qu'ils contribuent tous à la gloire et à l'honneur de notre Saint, car l'arbre se connaît par ses fruits, et la sagesse des enfants fait la gloire de leur père.

1° Saint Loup, originaire de Toul, qui après sept ans de mariage et du consentement de sa femme, sœur de Saint Hilaire d'Arles, s'était consacré à Dieu dans le couvent de Lérins en 426. Après un an d'épreuve, il sollicita et obtint de l'abbé Maxime, la permission de retourner à Mâcon, pour distribuer aux pauvres ce qu'il lui restait de biens. A peine arrivé dans cette ville, il fut élu et sacré évêque de Troyes en 427, et pendant 52 ans d'épiscopat, il mérita par ses vertus le nom de *Père des pères*, dit Saint Sydoine (2), d'*Évêque des évêques*, et de *Premier des pontifes de la terre*.

(1) Voir Fauste Dyname, et le Propre de Riez. Voici une antienne des Laudes qui rappelle ce miracle : *Orante Sancto viro, aufugiunt dæmones sub nautarum specie ipsi vanè blandientes.*

(2) Lib. 6. Epist. 1ª.

2° Saint Vincent, frère de Saint Loup, quitta Lérins peu de temps après lui, ayant été élu évêque de Saintes (1).

3° Le moine Vénérius, qui fut vers le même temps élu évêque de Marseille (2).

4° Saint Jacques d'Assyrie, qui ayant obtenu de Maxime la permission de visiter Saint Honorat, leur père commun, fut par lui sacré évêque de Centron ou Moûtiers, dans la Savoie.

5° Saint Hilaire, beau-frère de Saint Loup, qui entra dans le monastère de Lérins en 425, suivit Saint Honorat, son proche parent, à Arles, et revint dans sa chère solitude pour se perfectionner dans la vertu sous la direction de Maxime, et mérita de remplacer Saint Honorat sur le siége d'Arles.

6° Saint Rustique, à qui Saint Jérôme écrivit une lettre fort remarquable, et qui de Lérins fut appelé à monter sur le siége de Narbonne, le 9 octobre de l'an 430 (3).

7° Saint Patrice, qui sortit, la même année, de Lérins où il avait demeuré neuf ans, et fut depuis évêque et apôtre de l'Irlande (4).

8° Saint Armentaire, vers le même temps, fut placé sur le siége d'Antibes dont il fut le premier évêque, après que Saint Maxime eut refusé de l'occuper (5).

9° Saint Eucher, qui après avoir fait pénitence pendant plusieurs années dans l'île de Léro, fut ordonné évêque de Lyon en 434.

10° Saints Salone et Véran, fils d'Eucher, élevés aussi à Lérins, furent tirés de ce monastère pour occuper, l'un le siége d'une ville des Alpes-Maritimes, l'autre celui de Vence.

11° Saint Valérien, qui fut d'abord prévôt ou vicaire de l'abbé Maxime, et ensuite évêque de Cemèle ou Cimiers, dans le comté de Nice.

12° Saint Valère, qui de Lérins passa au siége de Nice (6).

---

(1) Chron. de Lérins, p. 1, 29.
(2) *Ibid.* p. 2, 79 et 49.
(3) Barluc, de conc. sacerd. lib. 5, cap. 33.
(4) Baillet, 17 mars.
(5) Bréviaire d'Antibes.
(6) Chron. de Lérins, p 29 et 203.

13° Saint Antiolius ou Anatolius, dont Saint Sidoine nous a laissé l'éloge (1), et qui fut évêque de Fréjus vers l'an 470, et martyr (2).

14° Saint Fauste, qui succéda à Maxime dans ses dignités d'abbé de Lérins et d'évêque de Riez, et dont nous donnerons ci-après la vie.

15° Les saints évêques Illade, Corneille, Léonce, Spanélas et son frère Heumenegile, qui sont comptés aussi parmi les grands pontifes de cette époque, et plusieurs autres que nous omettons (3).

Parmi ses autres disciples qui ne furent que simples prêtres, nous devons remarquer : 1° Saint Nazaire, qui succéda à Saint Fauste, dans l'abbaye de Lérins, et en fut ainsi le 4° abbé.

2° Salvien, originaire de Trèves ou de Cologne, qui se retira à Lérins en 420, et fut dans la suite attaché à l'église de Marseille en qualité de simple prêtre, après que Maxime eût été élevé à l'épiscopat, et mourut en 485, laissant plusieurs beaux ouvrages qui l'ont fait appeler le Jérémie de son siècle.

3° Vincent de Lérins, qui après avoir essuyé les tempêtes du monde, vint se réfugier à Lérins (en 425), où Maxime le fit ordonner prêtre, et où Eucher lui confia l'éducation de ses deux fils Salone et Véran. Vincent avait été préfet du prétoire des Gaules, comme nous l'apprend Baronius.

Tels étaient les saints personnages qui composaient en partie la famille de Lérins sous Saint Maxime. Il les formait à la sainteté par la mortification et la pratique exacte des commandements de Dieu. Ses instructions journalières, soutenues par l'exemple, formaient comme une colonne de feu qui paraissait sans cesse élevée au-dessus de la communauté, comme celle qui éclairait autrefois les Hébreux dans le désert. On peut ajouter avec Fauste, témoin oculaire : « que » tant que Maxime tint à Lérins l'école de Jésus-Christ, il » nourrit ses disciples d'une doctrine céleste ; que toute l'île

(1) Lib. 8, ép. 14.
(2) Hist. de Fréjus, t. 2.
(3) Chron. de Lérins, p. 2 et 134.

» recevait la lumière de ce bienheureux maître qui en était
» comme le soleil, et qu'elle devenait toute brillante par l'é-
» clat et le reflet de ses mérites et par le grand fruit que pro-
» duisaient ses instructions. Tout ce qui sortait de sa bouche
» pour l'utilité de tous, retournait dans tous à la gloire de
» Maxime ; de même que la richesse et l'abondance des eaux
» tourne à la grandeur et à la magnificence de leur source. »

§ 7. — ÉLOGE DE LA COMMUNAUTÉ DE LÉRINS.

Pour mieux apprécier la manière de vivre des religieux de
Lérins et le bel ordre qu'y faisait observer notre saint abbé,
nous n'avons qu'à écouter Saint Eucher de Lyon, dans la lettre
qu'il adressa à Saint Hilaire (1). Après l'avoir loué d'avoir pré-
féré l'amour de la solitude à la compagnie de Saint Honorat,
et avoir relaté les avantages de la vie solitaire en général, il
s'exprime ainsi : « Je dois vénérer tous les déserts qui ser-
» vent de retraite aux serviteurs de Dieu ; mais j'honore par-
» ticulièrement ma chère île de Lérins. On y reçoit à bras
» ouverts tous ceux que les tempêtes orageuses y jettent et
» qui veulent s'y retirer. C'est un lieu charmant, abondant en
» eaux, couvert d'herbes, rempli de fleurs aussi agréables
» à l'odorat qu'à la vue, ce qui le rend une image du Paradis,
» à ceux qui l'habitent. C'est un lieu digne d'avoir eu pour
» père et pour fondateur, Honorat... en qui l'on voyait éclater
» la vigueur de l'esprit apostolique jusque sur la majesté de
» son visage.... *On ne saurait avoir trop de vénération pour*
» *Maxime que cette île a le bonheur de posséder, et qui tient pré-*
» *sentement la place du fondateur dans la conduite de l'abbaye.*
» *Il est illustre par ses vertus, et ce qui d'ailleurs le rend très-*
» *recommandable, c'est d'avoir mérité d'être choisi pour le suc-*
» *cesseur d'un si grand homme.*
» Elle a eu aussi le vénérable Loup, devenu prédicateur et
» pasteur des brebis. Elle a eu aussi son frère Vincent, cette
» perle précieuse et toujours brillante... Elle possède encore
» aujourd'hui Caprais, égal aux anciens saints, et que ses

(1) *De laudibus eremi, ad Hilarium.*

» vertus encore plus que son grand âge rendent si vénérable.
» Elle a aussi ces autres pieux et respectables vieillards qui,
» vivant séparément dans leurs cellules, ont transporté, pour
» ainsi dire, les pères d'Égypte dans les Gaules en faisant
» fleurir parmi nous la vie austère de ces solitaires d'outre-
» mer O bon Jésus! quelles troupes et quelles assemblées
» de saints n'ai-je point vues à Lérins? Quels précieux et
» doux parfums n'y ai-je point vus brûler? On n'y respire
» partout qu'une odeur de vie; l'homme intérieur se rend
» visible par les actions et par l'habit même de l'homme ex-
» térieur.

» La charité les unit tous ensemble très étroitement; l'hu-
» milité les abaisse et les soumet tous les uns aux autres.
» Ils sont pleins de tendresse et de compassion pour les be-
» soins du prochain. La modestie règle tous leurs pas et
» mesure toutes leurs démarches. Leur obéissance est
» prompte; leur silence inviolable; la paix et la sérénité sont
» peintes sur leurs visages, et il suffit de jeter les yeux sur
» eux pour croire voir dans un corps mortel une troupe
» d'anges... En cherchant la vie bienheureuse, ils en mènent
» une très-heureuse, et ils la possèdent même déjà en la re-
» cherchant. Désirent-ils être séparés des pécheurs? Ils le
» sont déjà. Veulent-ils mener une vie chaste et pure? ils
» la mènent. Ambitionnent-ils d'employer tout leur temps aux
» louanges de Dieu? Ils ont une entière liberté de le faire.
» Désirent-ils de jouir de la compagnie des saints, de les voir,
» de les entendre? Ils ont cette heureuse satisfaction. Sou-
» haitent-ils avec ardeur de posséder Jésus-Christ? Ils le
» possèdent en esprit. Veulent ils vivre dans une parfaite
» solitude? leur cœur obtient bientôt l'effet de leurs désirs;
» et par l'abondance de la grâce de Jésus-Christ, ils méritent
» d'avoir présentement la plupart des choses qu'ils désirent
» pour l'avenir : leur espérance, tant elle est ferme et effi-
» cace, les mettant en possession des choses mêmes qu'ils
» espèrent; et leurs travaux se trouvent ainsi déjà récom-
» pensés ici-bas, en attendant la céleste récompense après
» laquelle ils soupirent. »

§ 8. — PLUSIEURS VILLES DEMANDENT MAXIME POUR ÉVÊQUE.

Au milieu de si saintes occupations et vers la fin de l'an 428, Maxime reçut la visite de son saint prédécesseur, venu pour emmener avec lui son cher Hilaire pour qu'il l'assistât dans ses derniers moments. Maxime n'eut garde de lui refuser cette satisfaction : il permit à plusieurs autres de ses religieux de se rendre à Arles sur la nouvelle de la maladie du saint évêque. Pour lui, il resta à Lérins, ne voulant se séparer de son cher troupeau. Honorat mourut dans la nuit du 15 janvier 429 ou 30, après avoir désigné Hilaire pour son successeur. Vainement celui-ci s'était-il enfui secrètement à Lérins, il en fut arraché par force, ramené à Arles entre une double haie de soldats, et sacré évêque de cette église. Maxime fut très-sensible à cette perte, et ne put s'en consoler que par la pensée d'avoir fourni à l'Église un excellent métropolitain.

Cette consolation se changea bientôt en crainte qu'on ne vînt l'enlever lui-même à son monastère. Il avait beau s'éclipser et s'humilier; plus la vertu se cache, plus elle se manifeste, et le soin que la vraie humilité fait prendre pour se dérober aux yeux des hommes, est précisément ce qui la manifeste et la découvre. La réputation de Maxime s'étendait de jour en jour : cette belle lampe ne pouvait plus demeurer cachée sous le boisseau. Diverses villes souhaitèrent avec ardeur de l'avoir pour évêque (1). Celle d'Antibes, la plus rapprochée de ce bienheureux désert de Lérins, fut la première à le demander (2). Notre Saint refusa généreusement une dignité qui toujours parut formidable aux vrais serviteurs de Dieu, et protesta par son refus contre son élection. Ce fut alors qu'on choisit à sa place Saint Armentaire, l'un de ses disciples en l'an 430.

Deux ans après, l'église de Fréjus, dont Lérins faisait partie, perdit son pontife, Saint Léonce. Le choix du clergé et du peuple désigna pour son successeur l'humble abbé de

(1) Pagi. Crit., t. 2, ad annum 433, n° 20.
(2) Ambiebant illum diversæ patriæ, sed vel maximè propria eremi civitas. (*Fauste.*)

Lérins (1). Des députés furent en conséquence envoyés à
cette île pour obtenir le consentement de l'élu et l'y contraindre par tous les moyens de persuasion possibles. Maxime
ayant eu connaissance de cette détermination, et voyant
d'un autre côté plusieurs bateaux s'approcher de l'île, se jeta
à la hâte dans un autre bateau qui, par une route opposée,
le conduisit sur la terre ferme. Accompagné dans sa fuite
de son bien-aimé disciple Fauste, il s'enfonça dans les terres
et les bois voisins : là, pendant trois jours et trois nuits,
il essuya l'intempérie d'une pluie rude et continuelle (2), et
conjura avec larmes et prières le Seigneur de changer les
dispositions des habitants de Fréjus. Les députés, après avoir
vainement cherché le serviteur de Dieu, retournèrent dans
leur ville où l'on fut contraint de procéder à une nouvelle
élection. Théodore, abbé des moines des îles Stécades, ou
d'Hières, fut élu en la place de Maxime. C'est en mémoire de
cet évènement que l'église de Fréjus a toujours compté
notre saint parmi ses pontifes, qu'elle en a toujours fait
l'office au 27 de novembre, se servant de la même oraison
que l'église de Riez. *(Voir le Bréviaire de Fréjus.)*

§ 9. — MAXIME EST ÉLU ET SACRÉ ÉVÊQUE DE RIEZ.

Plus Maxime repoussait et fuyait la dignité épiscopale,
plus les peuples montraient d'empressement à la lui offrir,
tant on avait de l'estime pour sa personne et de la vénération
pour ses vertus ! l'église de Riez était veuve de son pontife :
elle avait perdu un saint sur la terre, mais elle avait acquis
un protecteur de plus dans le ciel. Dans sa douleur, elle ne
crut pas pouvoir mieux réparer cette perte qu'en lui donnant
pour successeur le saint abbé de Lérins. Elle résolut donc de
le demander à sa communauté comme un dépôt qu'elle lui

---

(1) Ambiebat illum proxima eremi civitas, quæ inter locum hunc et
insulam, ut nostis, interjacet. (Ibid.)

(2) Sub nudo axe cœli, trium dierum ac trium noctium imbribus verberatur, sicut ipse sum testis; videntur mihi quoque nimbi inquisisse
latentem. (Ibid.)

avait confié, et sur lequel elle avait plus de droit qu'aucune autre église, puisqu'il appartenait à son diocèse (1).

Tous les évêques comprovinciaux, Saint Hilaire à leur tête, réunirent leurs suffrages aux vœux du peuple et du clergé de Riez. On envoya donc des députés pour le supplier de consentir à son élection. Sur le premier avis qu'il en reçut, notre Saint se jeta de nouveau à la hâte dans un petit bateau conduit par un homme affidé et instruit de son dessein, et s'enfuit au loin hors des Gaules, et sur les côtes de l'Italie alors toutes peuplées de solitaires. Sa fuite, qui faisait mieux connaître encore combien il était digne de l'épiscopat, ne servit qu'à redoubler l'ardeur de son peuple. Les députés, bien que très-affligés de n'avoir pu le retrouver soit à Lérins, soit dans le voisinage, eurent ordre de le chercher partout. Leur perquisition fut si exacte et si heureuse, qu'ils le trouvèrent enfin ; mais il leur fallut user de violence, se saisir de sa personne, l'emmener à Riez, où les évêques de la province et le clergé de cette ville réunis, eurent toute sorte de peine pour vaincre sa répugnance.

Forcé enfin de se soumettre à la volonté du Seigneur si hautement manifestée, l'humble Maxime consentit en tremblant à accepter l'épiscopat. A peine eut-il exprimé son consentement, qu'il reçut l'onction sacrée des mains de Saint Hilaire, son métropolitain, vers le commencement de l'an 434. Fauste, qui nous a transmis tous ces détails, dans son Homélie de Saint Maxime, nous dépeint ainsi le cortége du pieux Prélat entrant dans sa ville épiscopale. « Il fut accom-
» pagné, dit-il, de serviteurs non étrangers mais propres et
» personnels, savoir : de la crainte de Dieu, principe de tou-
» te sagesse; de la componction, de la pureté et de la reli-
» gion parfaite, je veux dire, accompagné de toutes les autres

---

(1) Non post longum tempus, ut meministis, sancto orbata pastore, populi præsentis ecclesia, piam supplex filiis mandat legationem. Reposcit patria justioribus desideriis pignus ac depositum. Quo ille comperto, instructo remige profugus evolat ex dulcibus locis, atque ex finibus Gallicanis. Testatur violentior nunc post se pietatis instantia, longius abscedendo. *(Fauste)*.

» vertus, la sainteté, la douceur, la sagesse, la bonté, la
» chasteté, la justice, la tendresse et la miséricorde. Ce fut
» à ce prix et de cette monnaie, mes frères, que votre am-
» bitieux pasteur, acheta de vous sans le savoir et sans y
» penser, l'évêché de Riez. O négoce admirable! O céleste
» trafic. »

§ 10. — CONDUITE DE MAXIME DANS SON DIOCÈSE.

Maxime gouverna son diocèse, comme il avait gouverné
son monastère, en pasteur charitable, vigilant et zélé. Toutes
les vertus montèrent avec lui sur le siége épiscopal; et la
vue de ses actions le fit connaître plus grand encore que la
renommée ne l'avait publié. A Lérins, il avait pris Saint Honorat pour modèle; il le prit encore à Riez et il y ajouta
celui de Saint Hilaire. Il s'appliqua soigneusement à en-
seigner à son peuple la loi de Dieu, et à la faire pratiquer en
la rendant aimable. Sachant parfaitement tempérer par la
douceur cet air grave et sérieux que donne la vertu, il se fit
aimer, craindre et respecter. Il fut le père des pauvres, le
protecteur des veuves, le consolateur des affligés, donnant
à tous un accès facile et bienveillant.

Les évêques tirés de Lérins conservaient leur ancien
institut, comme on le voit de Saint Honorat, de Saint Hilaire
et autres. On ne doit donc point être surpris que Maxime ait
fait la même chose, et qu'il soit parlé dans sa vie de son
cilice, de son manteau et de son bâton : costume ordinaire
des moines de ce temps. Encore le bâton lui était-il plus
nécessaire pour soutenir son corps affaibli par tant d'austérités, que pour marquer sa dignité. Avec l'habit monastique,
il conserva avec plus de soin encore l'esprit de recueillement,
de pauvreté, d'humilité et de pénitence. L'épiscopat ne
changea rien à ses mœurs : toujours également ennemi du
plaisir et de l'oisiveté, il aimait le travail. Rien ne lui était
plus à cœur que de parler de Dieu dans ses conversations, et
de s'entretenir avec lui dans l'oraison. Il était alors si pénétré
de sa présence qu'on eût dit qu'il le voyait face à face : et

2

dans le désir d'être à jamais uni à lui, il versait des larmes
en abondance. Jamais il ne prenait de nourriture sans dire
avec le Prophète : *quand est-ce que je paraîtrai et que je serai
devant la face de mon Dieu.* Il n'avait que faim et soif de la
justice et de la vie éternelle. Regardant les choses présentes
comme vaines et déjà passées, il s'excitait à conquérir les
biens à venir, disant avec l'apôtre : *ne nous lassons jamais de
faire le bien, puisque si nous ne perdons point courage, nous
en recueillerons le fruit en son temps.* (Galat., 6, 9.)

Maxime tout en se dévouant à ses ouailles et leur distribuant le pain de la parole dans ses nombreuses visites,
voulut faire fleurir dans son diocèse la perfection qui régnait
à Lérins. *Il y transporta*, nous dit Fauste, *cette île bienheureuse
par l'établissement qu'il y fit des mêmes études, et de quelques
colonies de ses moines* qu'il plaça principalement dans une
espèce de monastère creusé par la nature dans des grottes
de tuf (sur lesquelles est actuellement bâtie la ville de Moustiers), et dans quelques autres montagnes du voisinage. Ce
fut là qu'il plaça ses religieux; et c'est là que souvent il se
rendait pour instruire ses disciples et les animer à conserver
l'esprit de leur état, esprit qu'il avait soin de conserver
lui-même. Car si, étant abbé il avait mené une vie laborieuse,
étant évêque, il continua l'austère vie de moine (1). L'usage
du bain était alors universel, mais il ne voulut jamais en
user : austérité bien dure pour ceux qui ne se servent point
du linge, et à qui, comme à lui, le cilice tenait toujours lieu
de tunique intérieure.

§ 11. — MAXIME CONSTRUIT LA BASILIQUE DE SAINT ALBAN ET L'ÉGLISE DES SAINTS APOTRES.

Tout en travaillant à élever des temples au Seigneur dans
les cœurs de ses ouailles, le saint pontife ne négligea point
la construction des temples matériels. La ville de Riez, fort
importante et fort peuplée alors, était divisée en ville basse

---

(1) Qui in abbate pontificem gesserat, abbatem in pontifice custodit.
— Dyname, *Vie de Saint Maxime.*

ou cité, et en ville haute ou château, en latin *castrum*. Elle
n'avait néanmoins encore qu'une seule église sous le titre de
Notre-Dame-du-Siége, bâtie tout à fait au bas de la cité dans
le quartier appelé *Champ-de-Foire*. C'est là que le siége épiscopal resta fixé pendant plusieurs siècles.

Maxime voulant faciliter la piété des fidèles, fit construire
deux autres églises, à l'ornement desquelles il employa les
restes d'architecture des anciens temples payens. La première,
sous le vocable des Saints Apôtres et notamment de Saint
Pierre, fut construite sur le versant du côteau auquel Riez
est adossé, entre la ville haute et la ville basse. C'est dans
cette même église que notre Saint fut déposé de suite après
sa mort, comme nous le dirons plus tard.

La seconde, dédiée à Saint Alban, martyr, fut construite
sur la plate-forme du Mont Saint-Maxime, au haut de la ville
haute. En dédiant cette église à Saint Alban, notre Saint voulut perpétuer parmi nous le culte et la dévotion qu'il avait
voués au plus ancien et au plus célèbre martyr de l'Angleterre. Cette dévotion, appuyée d'abord sur le rapport que
Saint Patrice et Saint Fauste lui avaient fait à Lérins du Martyre de ce glorieux confesseur, s'était accrue encore par le
témoignage de Saint Loup de Troyes, et de Saint-Germain
d'Auxerre, qui, députés par un concile national pour aller
combattre l'hérésie de Pélage dans l'Angleterre, attestèrent
publiquement partout n'avoir réussi dans leur mission que par
la puissante intercession du saint martyr Alban.

Cette église, que tous les plus anciens titres qualifient du
nom de basilique, et dont l'historien Bartel nous a transmis la
description (1), était un vrai monument d'architecture. Les
belles colonnes de granit dont elle était ornée, y furent transportées de la ville basse, et avaient appartenu probablement
à quelqu'un des temples payens. Ces lourdes pièces furent
traînées sur le haut de la colline par des bœufs, et notre Saint
assistait ordinairement à cette opération. Un jour qu'il n'avait
pu se rendre sur les lieux, les bœufs demeurèrent immobiles,

(1) *Hist. Nomenclatura*, etc p. 84.

et il fut impossible de les faire avancer; on ajouta d'abord plusieurs autres bœufs aux premiers, dans l'espoir qu'aiguillonnés tous ensemble, le charroi s'effectuerait facilement. Vain espoir ! ces animaux furent immobiles et comme insensibles aux cris et aux coups qu'on déchargeait sur eux. On se hâta alors d'en avertir notre Saint; il arriva plein de confiance en Dieu, et après avoir examiné d'un air fort tranquille ce qui se passait : « c'est en vain, dit-il aux assistants, que » vous tourmentez ces pauvres animaux privés de la raison. » Ne voyez-vous point que c'est le démon notre ennemi, qui, » par malice, les empêche d'avancer? Pour moi, je l'aper-» çois sous la forme et la figure d'un Éthiopien se placer de-» vant eux et les arrêter. » Puis se mettant à genoux, il pria Dieu de dissiper tous les artifices de ce malin esprit. Le démon ne put tenir contre la puissance d'une prière faite avec autant de foi, que de ferveur et d'humilité. Il se retira aussitôt laissant après lui une odeur très-puante. Le Saint fit dételer alors les bœufs qu'on avait joints aux premiers, et ceux-ci traînèrent sans empêchement les colonnes jusqu'au lieu destiné à la construction de la basilique (1).

La basilique de Saint Alban échangea ensuite son titre en celui de son pieux fondateur; elle servit longtemps d'église

(1) Le récit de ce miracle se trouve consigné dans la Vie de notre Saint, par le patrice Dyname, le premier et le plus ancien auteur qui l'ait écrite. Il faut rejeter toutefois ce que la tradition populaire a ajouté dans la suite à ce récit, c'est-à-dire, que le démon en se retirant, tua un bœuf par rage, mais que le Saint l'obligea alors à prendre la place de l'animal qu'il avait tué, et qu'il servit ainsi de bête de somme jusqu'à l'entier achèvement de l'édifice; que voulant alors laisser un signe de son départ, il perça de part en part et en présence de tout le peuple, la pierre du milieu de la voûte, proche l'abside. Si ces particularités étaient en effet véridiques, Dyname n'aurait point omis de les consigner dans son Histoire. La tradition populaire, et avec elle l'historien Bartel qui s'en est fait l'écho, dans sa *Nomenclature historique des évêques de Riez*, page 114, confondent en cela deux choses fort distinctes, savoir : le miracle tel que nous l'avons rapporté, et un second miracle que notre Saint opéra contre le démon, quand il voulut s'opposer à l'établissement du service divin dans cette église. Il fut de nouveau honteusement chassé, et c'est en souvenir de cette double victoire, qu'on laissa cette ouverture au haut de la voûte, comme un signe perpétuel de la fuite du démon.

cathédrale et s'ensevelit sous ses ruines au commencement du dix-septième siècle. Ce fut sur les ruines de cet antique monument qu'on éleva la chapelle actuelle de Saint-Maxime, sous l'épiscopat de Nicolas de Valavoire, en 1662.

§ 12: — MAXIME ASSISTE A DIVERS CONCILES.

Le premier concile auquel notre Saint ait assisté, est le premier de Riez, tenu en 439, dans l'église cathédrale de Notre-Dame-du Siége, et auquel assistèrent treize évêques, sous la présidence de Saint Hilaire, métropolitain d'Arles. Armentaire d'Embrun, jeune homme de qualité, orné d'ailleurs de vertus, fut déposé de son siége et réduit au rang de chorévêque, pour avoir été ordonné par deux évêques seulement, sans le suffrage des prélats comprovinciaux et sans le consentement de son métropolitain.

Maxime assista pareillement, en 441, au concile d'Orange où l'on fit des canons importants sur le Baptême, le Chrême, la Confirmation, la Pénitence, l'Imposition des mains, l'Absolution, l'Eucharistie, l'Asyle des églises, leur Construction et leur Consécration, et autres points de discipline.

3° Au premier concile de Vaison en 442, où entre autres choses il fut ordonné que les curés iraient tous les ans, vers la fête de Pâques, demander le saint Chrême à leur propre évêque, et qu'en cas d'empêchement légitime ils l'enverraient prendre par un diacre ou tout au moins par un sous-diacre.

4° Au concile d'Arles en 451, où se trouvèrent 44 évêques présidés par le métropolitain Ravennius. On y lut et l'on combla d'éloges la lettre mémorable du pape Saint Léon contre l'hérésie d'Eutichès. Les pères protestèrent que cette hérésie n'avait point trouvé d'écho dans les Gaules, et reconnurent dans la lettre du pape la foi antique de l'Église et la tradition constante des docteurs.

5° Au concile d'Arles, tenu le 4 décembre 453, au sujet d'un différent survenu entre Théodore, évêque de Fréjus, et Fauste, abbé de Lérins. La charité et les lumières des évêques juges en cette matière, terminèrent cette affaire d'une manière qui satisfit les deux parties (1).

Ce ne fut pas seulement en matière de foi que l'on vit Maxime toujours uni avec ses confrères. Lui et 18 autres évêques de la province d'Arles avaient déjà fait paraître dans un point fort délicat, leur courage, leur fermeté et leur attachement pour les anciens droits de leur commune métropole, transférés à l'église de Vienne à l'occasion d'une affaire fâcheuse suscitée à Saint Hilaire par ses ennemis. Ils présentèrent au pape une supplique très-bien motivée, et demandèrent une entière réparation. Les preuves parurent si solides à Saint Léon, que le 5 mai 450, un jugement rendit à l'église d'Arles ses prérogatives, n'accordant à celle de Vienne que quatre suffragants. On ignore le lieu de la réunion des dix-neuf évêques; mais leur requête nous a été transmise par l'histoire, et sert de monument pour les anciennes églises de la Gaule Narbonnaise.

§ 13. — MAXIME FAIT PLUSIEURS MIRACLES.

1° *Il ressucite un mort (2).*

Le Seigneur récompensa la foi de son serviteur Maxime par le don des miracles. « Ils sont sans nombre, dit le patrice » Dyname, et on ne saurait les rapporter tous, n'y en ayant » d'aucune sorte qu'il n'opérât par la vertu du Saint-Esprit, » qui habitait en lui. Il lui était aisé d'éclairer les aveugles, » de redresser les boiteux, de ressusciter les morts. »

Ausanne, l'un de ses diacres, gardait auprès de lui un jeune orphelin fils de son frère, et l'aimait comme son propre enfant. Un samedi, pendant l'été, cet enfant jouant avec d'autres jeunes gens de son âge sur les murs de la ville, se laissa choir. Dans sa chute le cou fut cassé, la tête presque brisée et la mort s'en suivit à l'instant. A cette triste nouvelle, Ausanne accourt sur le lieu du sinistre, enveloppe le cadavre

---

(1) On peut voir dans Bartel, page 107, et dans Sirmond, *Conciles de l'Église Gallicane*, la lettre de convocation du concile et la décision rendue par les pères réunis au nombre de 13.

(2) *Vie de Saint Max.* par Dyname.

de son manteau et l'emporte. Chemin faisant, il délibère sur les moyens à prendre pour exposer publiquement le corps de son neveu aux pieds de son évêque, et le supplier de lui rendre la vie. Sachant d'un autre côté combien Maxime haïssait et fuyait la vanité, il préféra porter secrètement le cadavre dans la chambre du saint, le déposa sur son lit, espérant fermement que ce charitable médecin lui redonnerait la vie, tout comme il avait déjà rendu la santé à tant d'autres. Il sortit ensuite, le cœur partagé entre la douleur et la confiance, et s'en alla joindre le saint qui célébrait avec son clergé et son peuple l'office de la nuit. Le pontife, placé au fond du sanctuaire en face de la porte d'entrée, se tenait debout à l'exemple de Saint Martin de Tours. A peine eut-il aperçu Ausanne, qu'interrompant la psalmodie, il le réprimanda hautement sur ce qu'il venait de faire dans sa chambre, et acheva ensuite l'office avec sa dévotion ordinaire. Cette réprimande, loin d'effrayer ou de décourager le pieux diacre, ne fit qu'augmenter et sa douleur et sa confiance en la bonté du saint. Il se jeta donc à ses genoux, et les embrassant tendrement : « je ne les lâcherai point, s'écria-t-il, que vous n'ayez rendu la vie à mon neveu. Vous ne pouvez d'autant moins me refuser cette grâce, que personne au monde ne vous a fait connaître le lieu où j'ai déposé son corps. Dieu qui seul vous l'a appris, vous a fait assez comprendre que vous ne deviez point rejeter ma prière. »

Vaincu par l'importunité d'Ausanne, Maxime consent à se diriger vers sa chambre, seul avec son diacre : mais le peuple, malgré ses efforts, le suit en foule pour être témoin de ce qui va se passer. Arrivé près du cadavre, Maxime implore de toutes ses forces, le secours du ciel; puis rempli de confiance en Dieu, il prend l'enfant par la main et le rend à son oncle plein de vie et de santé. Tout le peuple fait éclater alors le cri solennel : gloire vous soit rendue, ô mon Dieu ! (C'est en effet à lui seul, vrai auteur des miracles, que la gloire doit en être rapportée, puisqu'il les accorde aux prières des saints) Après cette effusion de leur reconnaissance, chacun des assistants voulut voir marcher et entendre parler l'enfant rappelé à la vie. Notre Saint eut bien de la peine pour s'arracher du milieu de la foule qui l'entourait. Il retourna à l'église avec l'aide de ses clercs, pour passer en actions de grâces l'intervalle qui devait s'écouler entre l'autre partie de l'office.

2° *Il ressuscite une fille.*

Une autre fois, pendant que Maxime célébrait solennellement la messe, la fille unique d'une veuve vint à mourir. Sa mère éplorée, après avoir donné un libre cours à sa juste douleur, la plaça elle-même dans la bière et l'accommoda suivant l'usage alors reçu. Elle sortit ensuite et vint toute tremblante se prosterner devant le saint prélat, lui exprimant le sujet de sa douleur plutôt par ses larmes que par ses paroles, le conjurant de venir prier auprès du corps de sa fille.

Maxime touché de compassion, à l'exemple de Jésus Christ envers la veuve de Naïm, ne put refuser à cette mère désolée le sujet de sa demande. Il partit sur-le-champ, et pria quelque temps auprès du cadavre, les mains levées vers le ciel. Puis il se prosterna contre terre pour faire ses supplications à Dieu avec plus de ferveur et d'humilité. Le Seigneur exauça son fidèle serviteur. La fille ressuscita, et comme si elle se fut éveillée d'un profond sommeil, elle ouvrit ses yeux encore appesantis. On l'appela et elle se leva sur son séant. Sa mère, ne pouvant modérer les transports de son âme, faisait retentir l'air de ses cris, et tout le peuple était dans l'étonnement et l'admiration.

Cependant, le Saint, à qui sa vertu donnait un tel empire sur la mort, craignant pour lui le poison si subtil de la vaine gloire s'éloigna promptement. Le peuple s'apercevant de sa fuite, se jeta sur lui avec une telle ardeur pour s'opposer à son éloignement, que son manteau fut mis en pièces, et que chacun voulut en avoir un morceau pour le garder comme une relique précieuse. A peine lui en resta-t-il une portion sur les épaules, et grâce à la dévotion des fidèles, ce lambeau précieux se conservait encore six vingt ans après la mort du saint évêque, comme le glorieux monument d'un si grand miracle. *(Chron. de Lérins,* Part 2, p. 123.

3° *Il ressuscite un jeune homme et il opère plusieurs*
guérisons miraculeuses (1).

Un chien furieux et enragé fit de grands dégâts dans la
ville de Riez : il mordit diverses personnes, déchira les uns,
estropia tout-à-fait les autres, et étrangla même un jeune
homme dont la mort excita les regrets communs. Les témoins de cet évènement tragique coururent vers le saint, le
conjurant de se rendre auprès du cadavre. On eut bien de
la peine à l'y résoudre, parce qu'il craignait toujours pour
lui-même les morsures d'un ennemi plus cruel, c'est-à-
dire de l'orgueil qui perd tant de personnes. Il se rendit
enfin à tant de sollicitations et les suivit. Là, levant au ciel
ses mains suppliantes et plus encore son cœur par une fervente prière qu'il fit les yeux baignés de larmes, il com-
manda à la mort de se dessaisir de sa victime. A l'instant
même le mort ressuscita à la vue de tout le peuple.

Le père et la mère du jeune homme, présents à ce miracle, se frappaient la poitrine à coup redoublés, se reconnaissant indignes d'une telle grâce. Ils se précipitent ensuite
sur le corps de leur fils, le tiennent si étroitement embrassé
qu'il ne peut se lever de terre. Après ces premiers transports, le jeune homme présente une main à son père, une
autre à sa mère, et avec leur aide il se dresse sur ses pieds
encore chancelants. Les assistants répétèrent plusieurs fois
les acclamations ordinaires: *Deo gratias*, rendons grâces à
Dieu, et celui, à qui déjà on préparait une fosse, prit le chemin de sa maison à la grande joie de ses parents et de tout
le peuple ravi d'admiration.

Maxime de son côté retournait aussi en sa demeure pour
s'humilier devant celui qui lui accordait un tel pouvoir. Le
même chien, auteur de tant de maux, vint à passer devant
lui. Frappé de voir cet animal furieux, il s'arrête, jette son
bâton, lève les mains au ciel, fait une courte prière, et
souffle contre le chien qui expire à l'instant. Non content
d'avoir délivré son peuple de cet ennemi dangereux, il gué-

(1) Dyname, *Vie de Saint Maxime.*

rit encore tous ceux qui en avaient reçu quelque morsure, en sorte qu'il ne parut plus en eux aucune cicatrice.

Après un miracle aussi visible que surprenant, on ne doit donc plus être étonné que, dans les fléaux et les calamités, le peuple de Riez recoure avec tant de confiance à son saint Patron. C'est encore en souvenir de ce prodige, que dans les cas de morsure de chiens enragés, on récite sur le malade l'antienne et l'oraison désignées à cet effet dans le supplément au bréviaire des saints du diocèse.

4° *Il guérit un blessé* (1).

Un bœuf irrité donna un jour un si grand coup de corne dans le ventre d'un homme, que toutes ses entrailles se répandirent au-dehors. On amena d'abord le blessé au saint prélat. Celui-ci ému d'une vive compassion, le reçut avec bonté, prit ses entrailles dans ses mains, les débarrassa avec une éponge de tout le sang qui s'y était coagulé, et les remit en leur place ordinaire. Puis il fit des fomentations chaudes pour les fortifier, banda la plaie, et recommanda avec beaucoup d'autorité que personne n'eût garde d'enlever les bandes ou ligatures, voulant les enlever lui-même quand il en serait temps. Il les enleva en effet le septième jour, et le malade fut si bien guéri, qu'à peine restait-il quelque trace de sa blessure.

Ce fut par humilité que notre Saint ne crut pas devoir en cette occasion demander à Dieu la guérison subite du blessé. L'humilité, gardienne et compagne inséparable de toutes les vertus, le portait toujours à cacher, autant qu'il était en lui, le don des miracles dont le Seigneur l'avait favorisé.

5° *Il rend la vue à un aveugle* (2).

Un homme, qui, depuis quinze ans, avait entièrement perdu la vue, ne cessait de conjurer notre Saint de la lui rendre. Maxime s'en excusait toujours, craignant de s'aveugler lui-même par l'ostentation et la vanité. L'aveugle ne se

(1) *Vie de Saint Maxime*, déjà citée.
(2) *Vie de Saint Maxime*.

rébuta point par tant de délais; sachant que Maxime allait quelquefois pendant la nuit, visiter tout seul les églises et en sortait avant que personne pût s'en apercevoir, il conjura instamment le sous-diacre Rustique, que le Saint avait ordinairement auprès de lui pour le servir, et qui apparemment était son syncelle ou compagnon de chambre, de le mener au vestibule de l'église d'où Maxime devait sortir après avoir terminé ses oraisons.

Rustique l'y conduisit volontiers pendant une nuit fort obscure. Le Saint en sortant du temple, se heurta doucement contre l'aveugle qu'il n'apercevait pas. Celui-ci se colle alors à ses pieds, le serre étroitement, le supplie avec larmes de lui rendre la vue, et ne veut point lâcher prise qu'il n'ait obtenu sa demande. Maxime se voyant ainsi pressé, et admirant la foi de cet homme, ne diffère plus de prier pour lui, il conjure le Seigneur d'avoir pitié de cet infortuné : puis il fait le signe de la croix sur ces yeux si longtemps fermés à la clarté du jour, et ces yeux s'ouvrent à l'instant. Il embrasse ce pauvre homme, et devenu suppliant à son tour, il le conjure de ne point parler de ce qu'il vient de faire, afin qu'on ne lui impute point sa guérison. Mais cet homme avait trop de joie pour pouvoir garder le silence : et l'eût-il même voulu, qu'il n'aurait pu tenir caché le prodige de sa guérison, puisqu'il était exposé aux regards de tous ceux qui le connaissaient auparavant et qui le voyaient parfaitement guéri.

Nous terminerons ici le récit des prodiges opérés par notre saint pendant sa vie. Quelque consolant que fut pour nous cet exposé simple et rapide des merveilles, par lesquelles Dieu manifestait la sainteté de son serviteur, nous craindrions de dépasser les bornes que nous nous sommes prescrites. Nous en avons d'ailleurs dit assez pour entretenir et ranimer la dévotion en cet illustre confesseur.

§ 14. — MAXIME INSTRUIT ET FORME A LA VERTU
SAINT-APOLLINAIRE DE VALENCE.

Notre saint pontife qui avait formé dans le cloître de

Lérins un si grand nombre de serviteurs de Dieu jugés
dignes de l'épiscopat, était encore destiné sur la fin de sa
vie, à en former un pour l'Église de Valence, en Dauphiné.

Apollinaire, alors jeune seigneur, fils de Saint Isique qui,
de sénateur de Vienne en devint évêque, et petit-fils par sa
mère de l'empereur Avitus, connaissant la réputation de sainteté de Maxime, vint à Riez le visiter et s'entretenir avec lui
des moyens d'assurer son salut. Le pieux évêque se prêta volontiers à sa demande, et lui inspira bientôt le désir d'une vie
plus parfaite et d'un renoncement absolu aux choses de ce bas
monde. Les liens d'une étroite amitié se formèrent ainsi entre
le disciple et son maître. Apollinaire fit donc de fréquents
voyages à Riez pour se fortifier de plus en plus dans ses résolutions généreuses. Pour converser avec lui avec plus de
loisir et faire fructifier ses leçons par la solitude et le silence,
Maxime avait placé son disciple dans un lieu isolé, à une
heure de distance et au nord-est de la ville, où se trouvait un
oratoire, et où il se rendait lui-même aussi souvent que ses
fonctions pastorales le lui permettaient.

Apollinaire profita si bien de ses avis qu'il renonça enfin au
monde, et embrassa l'état religieux à Lérins, comme nous
l'apprennent les chroniques de cette illustre abbaye. Il fut
obligé dans la suite de quitter le cloître pour monter sur le
siége épiscopal de Valence (vers l'an 480), qu'il illustra par
ses vertus et qu'il occupa 34 ans environ.

Le lieu, où nos deux saints se réunissaient pour converser
des choses divines, prit dans la suite et conserve encore
aujourd'hui le nom de Saint-Apollinaire, vulgairement *Sant-
Poulenar*, entre Riez et Puimoisson et à peu de distance de
la route départementale. Ce lieu, dit alors *Lacunus*, fut demandé et concédé à l'Église de Valence par Charlemagne.
Cette donation fut confirmée par Frédéric Ier, empereur et
roi de Bourgogne, par acte donné à Vienne, le 15 des calendes de septembre de l'an 1178, Henri étant évêque de
Riez (1). La chapelle qu'on y voyait encore dans le dernier

(1) V. Salomé. *N. Reg. episc. Nomenclatura*, p. 21.

siècle avait été construite et entretenue par l'Église de Valence, comme un lieu sanctifié par la naissance d'Apollinaire à la vie religieuse. Dans des temps déjà reculés, on s'y
rendait annuellement en procession de la paroisse de Puimoisson. C'est à ce titre encore que la fête de Saint-Apollinaire était notée dans les anciens calendriers de l'Église de
Riez. Nous ferons observer en passant que c'est à tort que
l'on confond, comme l'a fait Bartel dans sa nomenclature des
évêques de Riez (1), Saint Apollinaire de Valence, avec Saint
Apollinaire, évêque de Ravennes et martyr.

§ 15. — MAXIME SE RENOUVELLE DANS LA FERVEUR ET DANS L'ESPRIT DE DIEU.

Quoique notre saint évêque fut déjà si recommandable
par ses miracles et par ses vertus, il ne crut pas néanmoins avoir encore fait assez pour être agréable au Seigneur.
Ses forces, épuisées par tant d'austérités, lui rappelaient
chaque jour que bientôt il serait réuni à son Créateur. Il
conçut dès lors un tel mépris de lui-même et de si grands
sentiments de pénitence qu'il semblait à peine entré dans
cette voie, et que tout ce qu'il avait fait jusqu'alors ne fut
qu'un essai. La manière dont il se conduisit, nous apprend
ce que nous devrions faire nous-mêmes à mesure que nous
avançons en âge. Il se renouvella dans sa ferveur et dans l'esprit de mortification : le zèle qu'il eut toute sa vie, ne fut
presque rien à l'égard de celui qu'il déploya dans sa vieillesse. Il augmenta ses bonnes œuvres ordinaires; sa sollicitude
pastorale devint plus vigilante, ses prières plus ferventes,
ses aumônes plus abondantes, son recueillement plus profond, son ardeur pour le ciel plus vive. Pénétré plus que jamais de la crainte de Dieu, il repassait sans cesse dans son
esprit ces paroles de Job : *Je craignais la colère du Seigneur
comme des flots suspendus sur ma tête et prêts à m'engloutir* (ch. 31).
Il tremblait en pensant qu'il allait bientôt paraître devant celui qui juge les justices mêmes : mais il s'encourageait en

(1) Pag. 98 et 156.

même temps par la considération de la bonté de Dieu dont
la miséricorde est infinie (1).

§ 16. — SA MORT.

Telles étaient les dispositions du bienheureux Maxime, lorsque célébrant un jour la sainte messe dans son église cathédrale, il eut une révélation du jour de sa mort. Le saint sacrifice terminé, il demanda publiquement et avec beaucoup
d'humilité, à son clergé et à son peuple, la permission d'aller
visiter encore une fois sa famille à Châteauredon. Exemple
touchant qui prouve tout à la fois et l'attachement à ses devoirs de pontife et sa tendre charité pour ceux qui lui étaient
unis par les liens du sang! Il partit peu de temps après pour
les lieux qui l'avaient vu naître, et où il devait mourir, Dieu
voulant ainsi que le pays déjà sanctifié par sa naissance et
par les vertus de sa jeunesse, le fut encore par le spectacle
de ses derniers moments.

La famille de notre Saint se livra à la joie la plus vive en
le voyant arriver; mais cette joie fut de courte durée: Maxime
lui ayant annoncé qu'il ne lui restait plus que quelques jours
à passer sur cette terre d'exil. Les évêques du voisinage aver-
tis du sujet de sa venue, accoururent promptement pour l'assister et s'édifier du spectacle de sa mort. Après avoir reçu
avec la foi la plus vive les sacrements de l'Église, et avoir re-
commandé qu'on l'ensevelit avec le cilice qu'il n'avait jamais plus quitté, Maxime consentit à être placé sur son lit;
puis s'endormant paisiblement au chant des psaumes sacrés,
il rendit sa belle âme à Dieu le 27 de novembre de l'an 460 (2).

Une vive douleur avait déjà saisi sa famille, et les prélats
eux-mêmes s'affligeaient en particulier et de la perte que
l'Église faisait d'un si saint évêque, et de celle qu'ils faisaient

_____

(1) Inter hæc ille exercitio infatigabiliter accinctus, ad nova merita no-
vus semper assurgens, corpore in terrà positus, conversatione in cœlis
fuit. — *Fauste.*

(2) Hodiè linquens carneum Sanctus Pater ergastulum, in manibus
antistitum, eum nimis lugentium, ad Christum suum præmium diù
speratum, lætum direxit spiritum. *Offi. du saint.* 2ᵉˢ *vêpres.*

eux-mêmes d'un confrère si vénéré. Tout à coup l'appartement fut rempli d'une odeur très-agréable, comme si l'on y eût apporté les parfums les plus exquis, les fleurs les plus suaves (1). Ce fut pour tous les assistants un juste sujet d'admiration et d'actions de graces à Dieu qui semblait vouloir les consoler par un évènement si peu attendu, et leur faire comprendre qu'ils devaient plutôt se réjouir que s'affliger de la glorieuse naissance de Maxime dans le ciel.

Cette même année 460 est à jamais mémorable par la mort d'une foule de grands serviteurs de Dieu, tels que Saint Siméon Stylithe, Saint Aiman ou Anian, évêque d'Orléans, Saint Théodoret de Cyr, Saint Mamance de Clermont, Saint Pierre Chrysologue, Saint Rustique de Narbonne, Saint Deogratias de Carthage, Saint Prosper, disciple de Saint Augustin, Saint Léon 1er, Saint Maxime de Turin, et autres. Dieu les retira du milieu des combats pour les introduire dans le séjour de la gloire et de la paix, juste récompense de leurs longs et nobles travaux.

La nouvelle de la mort de Maxime fut bientôt portée à Riez et dans les pays circonvoisins. Les populations se portèrent en foule au-devant du convoi funèbre qui se dirigeait sur la ville épiscopale. C'étaient des cris, des pleurs, des exclamations de joie et de tristesse : on publiait ses vertus, on rapportait ses miracles, on repétait ses paroles et ses instructions, on regrettait un père, on invoquait un saint.

§ 17. — UNE FILLE RESSUSCITE PAR L'ATTOUCHEMENT
DU CERCUEIL DE NOTRE SAINT.

Le Seigneur, qui s'était plû à manifester au monde la haute sainteté de son serviteur par le don des miracles pendant sa vie, voulut encore la faire reconnaître de suite après sa mort.

Decimes, en latin *Decimœ*, village détruit depuis bien des siècles, était situé en vue du chemin par où devait passer le

(1) Dyname, *Vie de S. M.*

convoi. Plusieurs habitants de ce village en étaient sortis pour donner la sépulture à une fille déjà âgée : ils n'avaient plus qu'à descendre le cadavre dans la fosse, quand ils apperçurent le cortége funèbre de notre Saint, et entendirent le chant des psaumes répété par un clergé nombreux et par un peuple innombrable. Ces pauvres villageois, mus par une inspiration du ciel, abandonnent tout à coup leur dessein, et se dirigent en toute hâte avec le cadavre de cette fille vers le convoi du saint évêque. Là, ils demandent avec les instances les plus vives et avec une confiance des plus ardentes, qu'il leur soit permis de faire toucher le brancard du saint au cadavre de la fille. On accéda volontiers au désir de ces braves villageois, espérant que le don des miracles serait donné, même après sa mort, au bienheureux homme apostolique. Tous les assistants s'étant donc prosternés avec beaucoup de dévotion, prièrent longtemps et chantèrent par sept fois le *Kyrie eleison.*

Les cris redoublés des Hébreux au septième tour de l'arche devant Jéricho, ne furent pas plus puissants pour faire tomber les murs de cette ville, que le furent auprès de Dieu pour retirer une fille de l'empire de la mort, les sept cris de toute cette assemblée. En effet la prière était à peine terminée que cette fille revint à la vie, sortit de son cercueil, et jettant loin d'elle ses habits funéraires en prit d'autres ; et que se mêlant au convoi fit retentir les airs de ses exclamations et de ses louanges, tout le long du chemin jusqu'à Riez. Ce spectacle saisit tout à la fois les assistants d'étonnement et de frayeur, de crainte et de joie. Il fut pour tous un signe évident de la puissance du saint confesseur auprès de Dieu et de son introduction dans la béatitude éternelle.

MONUMENTS DIVERS DE CES QUATRE RÉSURRECTIONS.

La mémoire des quatre résurrections que nous venons de rapporter, s'est toujours conservée, non-seulement dans les Églises de Riez et de Lérins, mais encore dans celles d'Aix, d'Apt, de Senez, de Fréjus, de Sisteron et de Vienne, comme on le voit dans leurs anciens bréviaires On la trouve confirmée dans Dyname, dans les martyrologes d'Aix, d'Adon, de Rome, de Molanus, dans Pierre de Natalibus, dans Grégoire de Tours, dans les historiens de l'Église Gallicane, et plusieurs autres que nous ne citerons pas.

Le martyrologe d'Adon porte, au cinq des calendes de décembre : *Maximus a primævâ ætate, virtutum omnium gratiâ præditus, primùm Lirinensis cœnobii pater, deindè Regensis episcopus, signis et prodigiis inclytus extitit. Deniquè inter alia gesta magnifica tres mortuos, vivens, unum tactu quo ad sepulchrum vehebatur tactu loculi, mortuus suscitavit.*

Celui d'Aix porte : *In Galliis civitate Regensi natalis sancti Maximi qui à primævâ ætate virtutum omnium gratiâ præditus, primùm Lirinensis monasterii pater, deindè episcopus Regensis signis et prodigiis inclytus extitit. Inter alia gesta mirifica, tres mortuos, vivens, unum quando ad sepulchrum vehebatur tactu loculi, mortuus excitavit.*

Le martyrologe romain a copié celui d'Adon jusqu'au mot *extitit.*

§ 19. — FUNÉRAILLES DU SAINT ÉVÊQUE.

Le convoi étant arrivé à Riez au milieu des acclamations rendues encore plus vives et plus générales par la vue et du miracle récemment opéré, et de la personne sur qui il avait été opéré, le corps du saint prélat fut exposé, suivant la coutume, dans la cathédrale de Notre-Dame-du-Siége. L'affluence des fidèles fut nombreuse et continue : on venait contempler avec respect les restes précieux de ce pasteur bien-aimé; on lui adressait des vœux et des supplications; on versait de douces larmes; déjà on lui rendait tous les honneurs accordés aux saints. De l'église cathédrale, le corps fut porté dans l'église des Apôtres ou de Saint-Pierre, qu'il avait fait bâtir dans la cité, mais seulement pour y rester en dépôt. On le transféra enfin dans la basilique de Saint-Alban, où un tombeau décent et convenable, qui fut ensuite entouré d'une balustrade de fer, lui avait été élevé. C'est de cette époque que cette basilique prit le vocable de Saint-Maxime son fondateur, nom qu'elle a toujours conservé.

3

§ 20. — TÉMOIGNAGE DU SOUS-DIACRE CARIATHON CONFIRMÉ PAR SA MORT (1).

Quelques jours après les funérailles, comme l'on continuait de s'entretenir des miracles et des vertus de notre Saint, et que chacun se plaisait à rapporter ce qu'il en savait de particulier, le sous-diacre Cariathon, qui était lui-même un très-saint homme, se trouvant en une nombreuse compagnie, rendit le témoignage suivant. « Qu'aucun de vous ne doute, » dit-il, que le bienheureux Maxime dont on publie tant de » merveilles, n'ait conversé avec les anges aussi bien qu'avec » les hommes, lorsqu'il vivait encore sur la terre. Quoique » la condition de sa nature humaine le retint parmi nous, la » dignité de ses mérites lui procurait néanmoins déjà la » compagnie des saints et des esprits bienheureux.

» J'avais été commis au soin d'éveiller les clercs pour » l'office de la nuit. Une fois et au commencement de la nuit » de la veille de la fête de Saint-André, il advint que la solli- » citude que j'éprouvais d'être éveillé au temps prescrit, me » fatigua beaucoup et me plongea enfin dans un profond » sommeil. M'éveillant enfin en sursaut, j'entendis une douce » mélodie du chant des psaumes. Je me levai incontinent fort » chagrin d'avoir passé le temps ordinaire du réveil et tout » confus d'avoir manqué à mon devoir. Je me hâtai, sans » bruit néanmoins, d'aller jusqu'au vestibule du temple ; et » j'entendis, tout pécheur que je suis, les saints apôtres » Pierre et André récitant alternativement avec Maxime les » louanges divines, se prévenant tour à tour par des hon- » neurs réciproques, et se renvoyant l'un à l'autre celui de » terminer la prière. Enfin notre bienheureux, forcé par les » saints apôtres, termina l'oraison en disant : que Dieu soit » béni et glorifié éternellement et dans tous les siècles des » siècles : à quoi les saints apôtres répondirent : *Amen.*

» Pour mieux m'assurer de la chose, je m'approchais de » plus près : mais je ne pus voir personne autre que Maxime, » le corps prosterné et la face même sur le pavé du temple.

(1) Extrait de Dyname et consigné dans la légende du Saint, leçon VI.

» En se relevant il m'aperçut, et me reprit durement de
» ma téméraire curiosité. Il me défendit ensuite de jamais
» dire à qui que ce fut, ce que j'avais vu et entendu, ajoutant
» que je mourrais le jour même où j'en aurais parlé. Il dé-
» pend maintenant de la volonté de Dieu que cela arrive, ou
» non ; mais quoiqu'il puisse m'arriver, je laisse volontiers à
» la postérité ce témoignage public de la vertu de notre
» saint pontife, afin qu'on ne doute point que les justes sur
» la terre peuvent jouir du commerce et de la conversation
» des saints. »

Un témoignage si formel, rendu par une personne digne
de foi et devant des nombreux témoins, ne saurait être
révoqué en doute. Mais ce qui imprime le cachet d'authen-
ticité à ce témoignage, c'est que le bon sous-diacre mourut
en effet le même jour, comme le Saint le lui avait prédit.

§ 21. — CULTE DE SAINT MAXIME.

Un enfant recouvre la vie à son tombeau.

Le culte de notre Saint date de sa mort ; et depuis cette
époque, la solennité de sa fête a été célébrée sans interrup-
tion le 27 novembre, jour de son décès. Dyname, qui écrivit
l'histoire de notre Saint, cent ans environ après sa mort, et
à la prière d'Urbicus, évêque de Riez, atteste : 1º que c'était
déjà une ancienne coutume de faire en cette fête le récit des
actions et des vertus de Maxime ; 2º que l'on continuait
à aller prier à son tombeau dans la basilique qu'il avait fait
construire et qui portait son nom ; et que toutes sortes de
personnes y recevaient plusieurs grâces par son intercession :
ce qui le rendit célèbre par toute la France.

Saint Grégoire, évêque de Tours, mort en l'an 549, rend
le même témoignage, en disant : « Maxime, évêque de Riez,
» y manifeste souvent sa vertu et son pouvoir auprès de
» Dieu. A son tombeau, non seulement les aveugles recou-
» vrent la vue, mais on obtient encore par son intercession
» la guérison des autres infirmités et maladies. Je rappor-
» terai ici ce que j'ai appris dernièrement.

» Un enfant de près de trois ans, encore à la ma-

» melle fut saisi d'une fièvre si violente qu'il ne pouvait plus
» ni téter, ni prendre aucune nourriture. Cet état durait
» depuis trois jours, quand un des valets de la maison s'é-
» cria : plut à Dieu que l'on portât cet enfant sur le tombeau
» du bienheureux Maxime : nous avons confiance en ses
» vertus et en ses mérites; il le guérira et lui redonnera la
» santé. L'avis du valet fut suivi : on se hâta de porter l'en-
» fant, mais il expira en chemin entre les bras de ceux qui
» le portaient. Ses parents ne laissèrent pas de s'acheminer
» toujours vers l'église, en versant un torrent de larmes et
» en poussant des cris lamentables. Ils déposèrent le cadavre
» sur le tombeau du bienheureux confesseur Maxime, et l'y
» laissèrent même lorsqu'on ferma les portes de l'église.
» Toute la nuit se passa pour eux en prières et en gémisse-
» ments. Le lendemain, ils retournèrent à l'église aussitôt
» que les portes en furent ouvertes, et trouvèrent l'enfant
» debout, se soutenant contre la balustrade du tombeau et
» s'efforçant de marcher, car il n'était point encore assez
» fort pour pouvoir se soutenir de lui-même. Ils s'appro-
» chèrent remplis de joie et d'admiration : sa mère le prit
» entre ses bras et l'emmena plein de santé et de vie dans
» sa maison.

» J'ai vu, ajoute cet historien, surnommé à juste titre le
» Père de l'histoire de la Gaule, j'ai vu cet enfant qui est
» présentement un jeune homme, et c'est lui qui m'a raconté
» ce prodige. » *(De gloriâ Confes. cap.* 83. Cité dans l'office
du triomphe de Saint Maxime, 21 mai, leçons V et VI.)

§ 22. — TRANSLATION DES RELIQUES DE NOTRE SAINT.

Ce que Grégoire de Tours nous rapporte des prodiges
opérés de son temps sur le tombeau du bienheureux Maxime,
nous pouvons le répéter pour les siècles suivants; car toujours le Seigneur s'est plû à manifester la gloire et le crédit
de son serviteur. Mais ce fut surtout en l'année 1230 que ces
anciens prodiges se renouvellèrent à l'occasion de la translation des reliques de notre Saint.

L'évêque de Riez, Rostaing de Sabran, voulant ranimer

dans le cœur de ses diocésains la tendre dévotion dont il
était lui-même animé, convoqua le clergé et les fidèles pour
le 21 du mois de mai. Là, en présence d'une foule immense
et recueillie, il visita et fit la reconnaissance des restes de
son saint prédécesseur. Il enferma le haut du crane et l'os
d'un bras dans deux belles chasses d'argent surdorées qu'il
avait fait faire à ses frais. Ces precieuses reliques furent
ensuite portées en triomphe, et avec toute la solennité possible, par toutes les rues de la ville et les confins de son
territoire. Nous ne rapporterons point ici en détail les divers
prodiges qui s'opérèrent pendant cette translation sur un
grand nombre de personnes. Le souvenir en est constaté :
1º par une fête particulière qui a été célébrée sans interrup-
tion depuis cette époque jusqu'à nos jours, sous la date du
21 mai et sous le vocable de *Triomphe de Saint Maxime* ;
2º par le plus ancien calendrier de notre Église, qui, sous la
date déjà citée, porte en gros caractères et à l'encre rouge :
*Triumphus S. Maximi à R. D. D. Rostaing de Sabran Regensi
episcopo prædicto anno* 1230, *summo apparatu*, IN QUO MULTA
FACTA FUERE MIRACULA ; 3º Par la procession annuelle et la
messe chantée dans la chapelle du Saint, la 3e fête de la
Pentecôte, qui en 1230 concourait avec le 21 mai, jour de la
translation des reliques.

L'anniversaire de cette cérémonie est donc pour nous un
avertissement du crédit et de la gloire de Maxime dans le
ciel. Que notre foi et notre coufiance soient donc vives, et
nous continuerons à en ressentir les bienheureux effets.

§ 23 — RELIQUES DU SAINT-LIEUX OU IL EST HONORÉ D'UN CULTE PARTICULIER.

Une portion considérable du crane en fut séparée en 1354
avec quelques fragments des habits du Saint, à la sollicita-
tion de Jeanne Ire, reine des Deux-Siciles, comtesse de Provence et du Piémont, qui voulut par là récompenser un
seigneur de sa cour(1). Celui ci les fit porter en son château de

(1) Bouche, *Hist. de Prov.* t. 1, p. 952.

Saint-Martin d'Aglie, près d'Yvraie en Piémont, où elles sont conservées dans un chef d'argent pur, surdoré, enrichi de pierreries sur un buste aussi d'argent. Cette cession ne fut pas volontaire, tant s'en faut, car la comtesse recourut au Pape, et il fallut obéir le 9 février 1354. Ces détails, tirés de l'historien Bouche, furent confirmés à Jean Salomé, historien de notre Église, par lettres écrites de Saint-Martin d'Aglie en date du 29 février 1723.

Les autres reliques du Saint avaient déjà été dispersées depuis quelques siècles en différents endroits; mais la majeure partie se conservait en l'abbaye de la Grâce, diocèse de Carcassone. Elles furent visitées et vérifiées le 5 novembre 1701, et le lendemain transférées du vieux coffre où elles étaient déposées. L'écriture qu'on y trouva datait de plus de 500 ans, elle portait : HIC CONTINENTUR RELIQUIÆ SANCTI MAXIMI RECENSIS EPISCOPI.

On trouvait pareillement des portions de ces reliques en d'autres lieux, tels que Lérins, où l'on conservait deux de ses dents (1); à Nantua, dans la Bresse; à Beaufort, diocèse de Moutiers, en Savoie, où l'on a tant de dévotion pour lui que le lieu s'appelle indifféremment Beaufort de Saint-Maxime, et Saint-Maxime de Beaufort ; à la Ferrière et à Saint-Maximin, diocèse de Grenoble, vers Pancharra et le fort de Barraux ; à Eyragues, près Saint-Remi, diocèse d'Aix ; à Vernon-sur-Seine, diocèse d'Evreux ; à Vienne, en Dauphiné ; à Saint-Maime, diocèse de Digne, etc., etc.

Il est dit dans une généalogie de la maison de Sassenages, qu'il y avait des reliques de Saint Maxime de Riez dans l'abbaye de Saint-André-le-Bas, à Vienne en Dauphiné; et qu'au commencement du XI⁰ siècle, Artand XIV, comte du Forest et de Lyon, et sa femme Pétronille ayant obtenu un enfant mâle par l'intercession de notre Saint, firent une donation considérable à ce monastère.

Saint Maxime est également honoré comme patron par les Églises de Riez, de Vernon sur-Seine, de Saint-Maime,

_____
(1) *Chron. de Lér.* p. 2, pag. 185.

de Châteauredon, d'Eyragues, de Beaufort, de la Ferrière
et de Saint-Maximin de Grenoble (1). Une société entre
l'église cathédrale de Riez et la collégiale de Vernon, fut
faite en 1292 et le 7 mai, et renouvelée le 5 mars 1632. (On
peut voir ces deux actes dans Bartel (2). Les deux Églises
s'engagèrent à reconnaître et à vénérer les mêmes saints
pour leurs patrons respectifs, à réciter le même office et à
accorder aux chanoines et aux dignitaires de l'un et de l'autre
chapitre, les mêmes droits, honneurs et prérogatives quand
ils se visiteraient.

Saint Maxime était encore le premier et plus ancien patron
de la paroisse de Valensole. Son église paroissiale était sous
le vocable de notre Saint, quand les moines de Cluni en
furent mis en possession par l'évêque Alméralde, dans le
commencement du XI⁰ siècle. Le P. Columbi nous apprend,
dans sa *Vierge de Romigier*, qu'il existait dans le territoire de
Manosque, sa patrie, deux chapelles construites, l'une en
l'honneur de Saint Maxime, l'autre en l'honneur du saint
martyr Alban, tous les deux honorés d'un culte spécial.

Toutes les cathédrales de Provence faisaient anciennement
l'office de notre Saint, le 27 novembre, comme le fait encore celle de Vienne. Ce qu'il y a d'étonnant c'est que cette
antique Église lui rend plus d'honneur que la nôtre, je veux
dire que dans les litanies insérées à la fin de son bréviaire,
Saint Maxime est invoqué avant tous les évêques de Vienne,
et d'abord après Saint Martin et Saint Brice, contemporains
de notre Saint. Dans les litanies propres des Églises de Fréjus
et d'Arles, il est invoqué avant Saint Germain.

---

(1) C'est par corruption que ce lieu porte aujourd'hui le titre de Saint-
Maximin ; c'est Saint-Maxime qu'il faudrait l'appeler. On écrivit en effet
de Poncharra, en 1716, à Jean Salomé, que toutes les provisions anciennes et modernes des curés de ce lieu portent : *Sub titulo Sancti
Maximi.*

Il faut en dire autant du village de Saint-Maime dans les Basses-Al-
pes ; c'est Saint-Maxime qu'il faudrait le dénommer. Ce qui le prouve
c'est qu'à Riez même et dans toute la Provence on appelle vulgairement
Saint-Maxime *Saint-Maime.*

(2) *Hist. nomenclatura*, etc., page 196 et suiv.

L'Église de Thérouenne l'honore aussi comme son patron principal et comme l'apôtre de toute la Province des Alpes *Morinienne* ~~maritimes.~~ Celles de Boulogne et d'Ypres en Flandre le vénèrent pareillement comme patron. Ces deux dernières prétendent posséder les reliques de notre Saint. Ce point historique est fort controversé, et l'on croit communément que les reliques qu'elles possèdent et qu'on retrouve aussi en partie dans celles de Saint-Omer et de Saint-Wulfran d'Abbeville, sont celles d'un autre évêque de Riez, nommé aussi Maxime, mais beaucoup postérieur à celui dont nous écrivons la vie.

§ 25. — EXCLAMATION DE SAINT FAUSTE DANS SON HOMÉLIE DE SAINT MAXIME.

Comme la véritable dévotion qu'on doit avoir pour Maxime et pour les autres saints, consiste en l'imitation de leurs vertus, nous ne saurions mieux terminer la vie de ce grand serviteur de Dieu que par les paroles suivantes qui sont les dernières du sermon prononcé par son successeur, le jour anniversaire de la mort de notre glorieux confesseur.

« Heureuse et mille fois heureuse, s'écrie Fauste, la terre
» qui a donné la vie à un si grand homme, et qui a rendu
» au souverain auteur un ange, au lieu d'un homme qu'il lui
» avait prêté; et pour un fils qu'elle avait nourri, un pro-
» tecteur, un patron, un avocat auprès de sa divine majesté.
» Souvenons-nous que nous sommes les enfants et les disci-
» ples d'un maître si excellent et si illustre. Que chacun de
» nous enlève ce qu'il pourra des biens de notre père mort
» ab-intestat. Pillons entièrement son héritage. Que celui-ci
» prenne la cuirasse de sa foi, laquelle était pour lui non-
» seulement une bonne armure, mais encore une robe toute
» éclatante d'or et de soie, et très-précieuse par la variété
» des belles actions dont elle était tissue. Qu'un autre ravisse
» le collier de sa sagesse, de sa charité, et le talent de sa
» douceur et de son inclination à faire du bien à tout le
» monde. Qu'un autre enfin s'empare de la perle de sa com-
» ponction et du trésor de sa chasteté. Quoique en effet ce
» très-riche et très-opulent ami de Jésus-Christ ait emporté

» avec lui tout ce qu'il avait, il nous a néanmoins tout laissé,
» si nous le voulons. En poursuivant donc la succession de
» ses biens et de son héritage, conduisons-nous de telle
» manière qu'il soit vrai de dire que Maxime qui doit ressus-
» citer à la fin des siècles pour jouir alors en corps et en
» âme de la gloire éternelle, est déjà ressuscité par avance
» en la personne de ses enfants, et comme rendu de nouveau
» à son Église : ce qui sera vrai si chacun de nous s'attache
» par une sérieuse application à acquérir ses mérites, à imi-
» ter ses exemples et à pratiquer les mêmes vertus que lui. »

Il nous reste encore du saint évêque quelques-uns de ses
sermons. Trois ou quatre de ceux qui ont été publiés sous le
nom d'Eusèbe d'Emèse, lui appartiennent (1). Le premier
qui se trouve parmi ceux de Fauste de Riez, passe également
pour être de lui (2).

(1) Cave, *Hist. litt.* t. 1, p. 422.
(2) D. Rivet, *Hist. litt. de la France*, t. 2, p. 360.

VIE
DE SAINT FAUSTE,

TROISIÈME ABBÉ DE LÉRINS ET ÉVÊQUE DE RIEZ (1).

> *Qui æquali vestigia tua insequntur gressu ; cui*
> *datum est soli , loqui meliùs quàm didiceris , vivere*
> *meliùs quàm loquaris.*
>
> Quel homme pourrait te suivre d'un pas égal , toi
> à qui seul il a été donné de parler mieux que tu n'as
> appris , de vivre mieux que tu ne parles.
>
> (Saint Sidoine , ép. 9 , liv. 9)

§ 1er — SA NAISSANCE ET SA CONDUITE DANS LE MONDE.

Saint Fauste , l'un des hommes les plus remarquables de son siècle , était originaire de la Grande-Bretagne. Il vint au monde vers l'an 390. Ses parents le firent élever avec beaucoup de soin , et n'omirent rien pour développer les dispositions heureuses qu'il manifestait pour l'étude et le travail. Doué d'un esprit subtil et pénétrant , d'une conception facile , Fauste fit des progrès rapides dans les sciences. Il s'attacha surtout à l'étude de la philosophie qui toujours fut sa science de prédilection et qu'il posséda si bien , que Saint Sidoine , son ami et son contemporain , n'a pas craint de dire : « Tu as épousé , seigneur évêque , une femme belle , » une femme voilée, suivant le conseil du *Deutéronome* ; jeu- » ne encore , tu l'avais aperçue dans les rangs ennemis , et » alors tu t'en étais épris : sans être repoussé par les com- » battants dont tu étais environné , tu l'enlevas avec le bras

(1) Tirée des œuvres de Saint Sidoine Apollinaire ; de Simon Bartel, dans sa *Nomenclature des évêques de Riez*, et son *Apologie de Saint Fauste* ; de Longueval, *Histoire de l'Église Gallicane* ; de Bollandus , sous le 16 janvier ; du Gallia Christiana ; des *Acta Sanctorum*, sous le 28 septembre, t. 7 de ce mois, et 48 de l'ouvrage ; de Godescard, sous le 27 novembre , *note* ; et autres , tels que Tillemont, Baronius, Ceillier, Rivet, etc., etc.

» victorieux du désir : je veux parler de la philosophie, qui,
» après s'être laissé arracher violemment aux arts sacriléges ;
» après avoir rejeté la chevelure d'une religion vaine, l'or-
» gueil d'une science profane.... s'est unie en toi en de mys-
» tiques embrassements, purifiée qu'elle était alors. Dès
» tes plus jeunes années, tu en avais fait ta suivante, ta
» compagne inséparable, soit lorsque tu t'exerçais dans la
» palestre des villes, soit lorsque tu te macerais au sein des
» solitudes profondes. Elle a été avec toi à l'Athénée, avec
» toi au monastère ; avec toi, elle renonce aux sciences
» mondaines, avec toi elle célèbre les sciences d'en haut.
» Maintenant que tu es uni à cette épouse, quiconque vou-
» dra te combattre, sentira qu'il s'attaque à l'académie du
» Platon de l'Église du Christ, et que ta philosophie est
» pleine de noblesse. etc. etc. » (1).

Cet éloge de la science de Fauste nous fait assez connaître,
qu'à une instruction solide et variée, notre Saint joignait
déjà la connaissance et la pratique des vertus chrétiennes.
Il avait compris que, pour n'être point nuisible à l'homme,
la science doit s'appuyer sur Dieu, n'avoir que lui pour objet
et pour but. Fauste suivit dabord la carrière du barreau et
la remplit avec honneur et distinction. Son éloquence, sa
dialectique pressante, ses connaissances en matière de
droit, lui acquirent une réputation méritée. C'est probablement alors qu'il rendit à Sidoine Apollinaire un service dont
il se montra reconnaissant toute sa vie et qu'il rappelle en ces
termes dans son *Carmen eucharisticum* : « Le premier motif
» pour lequel je te dois des actions de grâces, c'est que tu
» as su conserver l'innocence et la réputation de mon frère,
» lorsqu'il se trouvait sur la route glissante de la jeunesse.
» Ce bienfait immense est ton ouvrage ; il en recueillera les
» fruits, et c'est à toi qu'il en sera redevable. »

§ 2. — FAUSTE RENONCE AU MONDE ET EMBRASSE LA VIE MONASTIQUE.

Nonobstant tous les avantages que le monde pouvait lui

(1) Épit. 9, liv. 9. Traduct. de Grégoire et Colombet.

procurer , Fauste sut se tenir en garde contre ses illusions
et les tentations de la vaine gloire. Fidèle aux préceptes du
divin sauveur , il ambitionnait , par dessus toutes choses ,
le règne de Dieu et sa justice. Ce fut dans cette disposition
d'esprit qu'il forma le généreux projet d'abandonner le siècle
et d'enfouir ses talents dans la solitude. Après avoir longtemps médité ce dessein dans le silence et la prière , il s'é-
loigna pour toujours de sa patrie , de sa famille et dirigea
ses pas vers la solitude de Lérins.

La haute réputation dont jouissait déjà ce célèbre monastère , le désir surtout de se former à la perfection évangélique sous la direction de maîtres aussi saints que parfaits , le
poussèrent vers cette île. Il sollicita donc, avec tant d'instance
que d'humilité, la faveur d'être admis au nombre des simples
religieux. Le saint abbé Honorat ayant reconnu en lui toutes
les marques d'une vocation divine , lui donna l'habit monastique , vers l'an 420. Sous la conduite d'Honorat , de Maxime
et du saint vieillard Caprais, regardé comme le père spirituel de la communauté de Lérins , Fauste déjà religieux par
le cœur , se forma rapidement à la pratique de toutes les vertus monastiques. Son humilité , sa douceur, son obéissance
faisaient l'admiration de ses frères. Il s'efforçait toujours ,
autant qu'il était en lui, d'éviter ce qui aurait pu le montrer
supérieur aux simples moines , en science , en lumières et
en talents. Il s'estimait très-heureux et très-honoré de vivre
au milieu de cette société de saints , dans un lieu à l'abri de
toutes les tempêtes du siècle et des passions humaines. Son
ardeur pour la pénitence et la mortification était telle , qu'il
fallut souvent la modérer , la contenir par le frein salutaire
de l'obéissance.

Une conduite aussi édifiante et si propre à lui concilier
l'estime et l'affection de ses frères , ne pouvait échapper aux
regards du saint abbé Maxime ; il sut démêler , à travers
cette humilité , tous les trésors de science , toutes les res-
sources dont son esprit était doué , aussi bien que son cœur.
Il prévit dès lors de quelle utilité , ce simple moine pourrait
être à sa communauté et à l'Église. Il le préposa donc à la

direction des études du monastère , et lui voua pour toujours une affection toute spéciale. C'est ainsi que Fauste fut initié à tous les secrets de la vie du B. Maxime , et qu'il fut choisi par lui pour son compagnon , lorsque fuyant de Lérins . et s'enfonçant dans une solitude profonde , il se déroba à la recherche des députés de l'Église de Fréjus qui venaient lui offrir et le contraindre d'accepter la dignité épiscopale (1).

§ 3. — FAUSTE EST FAIT ABBÉ DE LÉRINS.

Mais ce qui fait le plus bel éloge de Fauste , c'est le témoignage éclatant rendu à ses vertus et à ses mérites par le B. Maxime , lorsque contraint d'accepter l'évêché de Riez , il se choisit un successeur dans l'abbaye de Lérins. Fauste fut désigné à ses frères comme le plus digne et le plus capable pour le gouvernement du monastère ; et tous d'un commun accord le proclamèrent abbé de Lérins , (en janvier 434).

Élu à cette haute dignité , Fauste se montra aussi humble, aussi zélé et aussi pénitent qu'il l'était auparavant. Pendant les 27 ans qu'il gouverna ce monastère, il en soutint dignement la réputation et la régularité par sa vigilance et par ses exemples. Il se comportait avec tant de prudence et d'humilité , que les plus illustres prélats de ce temps lui rendaient des honneurs extraordinaires. Nous voyons en effet que dans une assemblée des évêques de la province , Saint Hilaire d'Arles , leur métropolitain , le fit siéger entre lui et les évêques de Fréjus et de Riez (2) , ce qui était contraire à tous les usages reçus

(1) Irruentibus fidelium turbis ventilantur universa , profunda eremi secreta versantur. Sub nudo axe cœli , trium dierum , ac trium noctium imbribus verberatur, SICUT ET IPSE SUM TESTIS; videtur quoque mihi nymbi inquisisse latentem. Mœret cuncta insula periculum patris : plùs jàm in eum expavescit injuriam quàm rapinam. Gratias inter hæc cœlesti dispensatori , pro suis meritis quæritur , pro vestris non invenitur. S. Fauste, *Elogium de Santo Maximo.*

(2) In eodem loco tunc temporis *Sanctum Faustum* , presbyterum pariter et abbatem , ità futurorum prœscius Hilarius honoravit ut inter se et sanctos sacerdotes Theodorum et Maximum compelleret residere. — *In vitâ Sancti Hilarii Arel.* — *Saler. I. p. in Hilario.* — *Saxius Arel. in Hilario.*

dans ces réunions, et ce qui prouve par là-même la haute estime que l'on professait pour le saint abbé.

Dans l'année qui suivit son élection, Fauste rendit les derniers devoirs au saint vieillard Caprais qui fut le premier et le plus ancien des religieux de Lérins. C'est de ce saint personnage que St.-Hilaire a dit, qu'il menait dans ces îles la vie d'un ange, et que Saint Eucher de Lyon a assuré qu'il égalait en vertu les plus anciens et les plus grands saints. Instruits de sa maladie et de sa fin prochaine, les évêques d'Arles, de Fréjus et de Riez accoururent en toute hâte pour le visiter et se jeter à ses pieds en le conjurant instamment de se souvenir d'eux auprès de Dieu. Pendant son long pèlerinage sur cette terre (cent ans et plus), Caprais avait fourni au monde l'exemple de toutes les vertus, et à l'Église, une foule de pontifes, de prêtres et de religieux. Fauste fut très-sensible à la perte de de ce grand serviteur de Dieu, et ne put s'en consoler que par la pensée qu'un protecteur de plus lui était assuré dans le ciel.

Fauste ne se montra pas moins zélé pour l'observation de la discipline que pour la défense des droits de son monastère. Un conflit de juridiction surgit entre l'abbé de Lérins et l'évêque de Fréjus. Ce dernier se fondant sur ce que les îles de Lérins dépendaient de son diocèse, voulut s'arroger une pleine et entière juridiction sur les moines. Fauste soutint les droits de sa charge avec beaucoup de force et d'énergie cette conduite déplut à l'évêque qui l'interdit de l'exercice de sa dignité. Cet acte de rigueur causa quelque scandale et troubla la paix de cette solitude. On vit alors le saint abbé se montrer plein de respect et d'humilité : il se soumit sans résistance à l'injonction qui le dépossédait de ses prérogatives, et attendit avec confiance la décision du concile qui se réunit à Arles pour vider cette affaire.

Le concile s'ouvrit en effet le quatre décembre 453. Treize prélats s'y trouvèrent réunis sous la présidence du métropolitain Ravennius. Deux d'entr'eux, Maxime de Riez et Valérien de Cimiès, plaidèrent la cause de l'abbé de Lérins. Le concile ordonna que l'évêque de Fréjus se contenterait des

satisfactions que lui ferait Fauste, et que celui-ci serait ré-
tabli au plus tôt dans le gouvernement de son monastère. Il
régla de plus que les moines qui n'étaient point dans les saints
ordres relèveraient uniquement de l'abbé chargé de les gou-
verner, mais que les religieux destinés aux saints ordres ne
seraient ordonnés et confirmés que par l'évêque diocésain (1).
Cette sage décision rétablit la bonne harmonie entre les deux
parties.

§ 4. — FAUSTE EST FAIT ÉVÊQUE DE RIEZ.

Rendu à son monastère, le B. Fauste continua d'être pour
ses religieux le modèle de toutes les vertus. A l'imitation de
son saint prédécesseur, il adressait de fréquentes instructions qui, soutenues de son exemple, et encore de l'onction
et de l'éloquence de sa parole, faisaient germer dans leurs
âmes la racine de toutes les vertus évangéliques. Ce fut au
milieu de ces saintes occupations que le saint abbé se vit appelé à l'épiscopat.

Après la mort du B. Maxime, le clergé et le peuple de Riez
jugèrent que nul autre n'était plus digne d'occuper ce siége
que celui-là même que notre Saint s'était choisi pour successeur en l'abbaye de Lérins (2). Fauste accepta en tremblant

_____

(1) Placuit ergo nobis, sancto, ut credimus, spiritu gubernante ut....
sanctus ac beatissimus frater Theodorus episcopus primùm exoraretur à
nobis ut scandalum quod et ipse sicut et nos graviter dolebat exortum,
differendo in tempore manere diutiùs non pateretur; et *sanctum presbyterum Faustum* abbatem monasterii suprà dicti, indultà si qua illa
esset, culpæ venià, in pristinà pace, toto charitatis affectu reciperet, et
ad insulam, ac congregationem ipsi, Deo dispensante, commissam, cum
suà gratià et charitate remitteret nec quidquam deinceps ex his quæ sibi
fratrem Faustum arguebat fecisse, aut verbis repeteret aut animo retine-
ret..... hoc tamen sibi vindicaturus... ut clerici atque altaris ministri, à
nullo nisi ab ipso, vel cui ipse injunxerit ordinentur : Chrisma non nisi
ab ipso speretur. Neophyti, si fuerint, ab eodem. confirmentur.
Monasterii verò omnis laïca multitudo ad curam abbatis pertineat, neque
ex eà sibi episcopus quidquam vindicet... laïca verò omnis monasterii
congregatio ad solam ac liberam abbatis proprii, quem sibi ipsa elegerit,
ordinationem dispositionemque pertineat. *Concil. Gallic. apud Sir-
mundum.*

(2) Fuerit quis Maximus ille urbem tu cujus monachosque antistes et
abbas, bis successor agis. *(Carmen Euchar).*

cette dignité , dont il a été dit : qu'elle est un fardeau redoutable même pour les anges , *onus angelicis humeris tremen-
dum.* Nous ne pensons pas nous tromper en disant : que
son élection à l'épiscopat avait été préparée par Saint Maxime
lui-même , et que son acceptation fut commandée par
l'obéissance à la volonté de son prédécesseur et de son père.
Fauste prit possession de son siége le 16 janvier 461 , et y
porta toutes les vertus qu'on avait admirées en lui dans le
cloître. « Le pontife n'a rien perdu en toi de l'abbé , lui écri-
» vait Sidoine ; car à l'occasion de ta dignité nouvelle , tu
» n'as point diminué la rigueur de ton ancienne discipline. »
*Nihil ab abbate mutatus per sacerdotem , quippè cum novœ di-
gnitatis obtentu rigorem veteris disciplinœ non relaxaveris.* (Liv.
9. ép. 9).

Toujours fidèle observateur de la discipline monastique ,
il ajoutait encore de nouvelles austérités , ne buvant jamais
du vin et ne prenant pour l'ordinaire d'autre nourriture que
des fruits et des légumes crus. Il établit dans son église les
prières usitées à Lérins , c'est-à-dire qu'il régla l'office divin
sur les usages de cette communauté. Sans cesse occupé du salut de son troupeau , il donnait tous ses soins à l'instruction
de son peuple , à la visite des prisonniers , à procurer aux
pauvres la nourriture et les vêtements nécessaires , à assister
enfin les malades dans leurs derniers moments. La sépulture
des morts faisait encore partie de ses bonnes œuvres : on le
vit plusieurs fois charger sur ses épaules des cadavres à demi
pourris et dont chacun s'éloignait avec horreur , les porter
jusqu'à la fosse , et leur rendre tous les devoirs religieux.
Rien dans ses vêtements ne le distinguait de ses prêtres ; son
activité , sa ferveur , sa charité le faisaient seules remarquer
dans l'accomplissement des fonctions saintes du sacerdoce.
Consacrant à peine quelques heures au sommeil sur la terre
nue , ou le parquet de sa chambre , il effrayait les plus fervents anachorètes par ses austérités. Dur pour lui-même
jusqu'à la cruauté , il ne respirait que douceur , affabilité ,
compatissance pour les autres : aussi gagnait-il aisément

4

tous les cœurs. Pasteur vigilant et fidèle , il n'omettait jamais aucun devoir de sa charge, parcourant son diocèse
pour reconnaître ses brebis, leur distribuant le pain de la
parole et les ramenant au bercail , si elles avaient eu le mal-
heur de s'en éloigner. « Quel homme , en effet, pourrait
» te suivre d'un pas égal , s'écrie Sidoine dans son admira-
» tion , toi à qui seul il a été donné de parler mieux que tu
» n'as appris , de vivre mieux que tu ne parles ? Voilà pour-
» quoi tous les gens de bien et surtout ceux de notre siècle ,
» vanteront à bon droit ton bonheur , *toi dont la vie brille du*
» *double éclat de l'éloquence et de la vertu* , toi qui, comptant
» déjà tes années de la main droite (1) , toi qui, loué par tes
» contemporains , et un jour désiré par nos descendants,
» sortiras de la vie après une carrière honorable en toutes
» choses , te léguant aux étrangers , laissant tes vertus à
» tes proches. » (Liv 9. ép 9.)

§ 5. — FAUSTE EST DÉPUTÉ AUPRÈS DU SAINT-SIÉGE. — SA CONDUITE A SON RETOUR DE ROME.

Ce n'est point dans son diocèse seulement que Fauste eut
occasion de déployer l'activité de son zèle pour le bien de
l'Église et la gloire de la religion. On le vit bientôt mêlé à
toutes les affaires majeures qui surgirent de son temps , y
prendre une part active et les résoudre. C'est ainsi qu'en
462, nous le trouvons député par le concile d'Arles pour aller
poursuivre à Rome , avec son collègue Auxonius, l'intrusion
d'Hermès de Narbonne. Le pape Hilaire VIII occupait alors le
Saint-Siége.

Hilaire les reçut avec tous les égards dus à leur dignité ,
et ayant appris le sujet de leur mission , il convoqua à Rome
un concile des diverses provinces de l'Italie. Fauste assista à

(1) Les anciens marquaient les nombres avec les doigts de la main gau-
che, depuis l'unité jusqu'à cent; pour exprimer les centaines et les mille ,
ils se servaient de la main droite. — Voyez Pline, 34. 7. — Juvenal
voulant marquer le grand âge de Nestor, a dit , *Sat. X*, 249: *Suos
jàm dextra computat annos.*

ce concile, non point comme simple juge, mais comme
réprésentant de ses collègues des Gaules. Il y fut de plus
choisi, avec Auxonius, comme juge et arbitre dans l'affaire
de Léonce d'Arles et de Mamert de Vienne, ce dernier s'étant
permis de donner la consécration épiscopale à l'évêque de
Die, sans y être autorisé par le métropolitain d'Arles qui
avait l'inspection sur quatre provinces. Le pape approuva les
actes du concile et les notifia aux évêques des provinces Lyon-
naise, Viennoise, des deux Narbonnaises et des Alpes Mari-
times, par sa lettre du 3 décembre 462. Hermès de Narbonne, fut confirmé dans la possession de son église, mais
en punition de son procédé irrégulier, il fut privé de la dignité de métropolitain ; cette prérogative fut donnée à Cons-
tantius d'Usez, sa vie durant. Quant à l'affaire de Mamert de
Vienne, le pape ratifia pleinement le jugement rendu par
Fauste et Auxonius, disant : *undè omnia quæ à vobis sunt,
per fratres et coepiscopos nostros Faustum et Auxorium definita
roborantes*, etc. *(Ep. Hil. p. p. 8. 10. — Baron. ad an. 462).*

De retour dans son diocèse, Fauste reprit avec une ardeur
nouvelle ses exercices ordinaires de charité. Pour se renouveler mieux encore dans la ferveur, il allait souvent visiter
les grottes de Moustiers et leurs autres lieux du voisinage que
Maxime avait peuplés de moines et d'anachorètes. Plusieurs
fois aussi il se rendit à Lérins : là, déposant en quelque
sorte le fardeau de sa dignité, il se confondait parmi les religieux, s'associait à tous leurs exercices, leur rendait les
devoirs les plus humbles et les plus humiliants, et les servait
de ses propres mains. On eût dit en le voyant macérer son
corps exténué, qu'il avait à expier de grands crimes, ou
qu'il commençait à peine de servir Dieu. Tant la solide piété
s'estime toujours peu avancée dans les voies de la perfection !
Ses visites aux religieux étaient ainsi une prédication continuelle d'humilité, d'abnégation, de renoncement à soi-
même.

§ 6 — FAUSTE REÇOIT LA VISITE DE SAINT-SIDOINE APOLLINAIRE.

En l'année 470 et dans le mois de juillet, Fauste reçut dans sa ville épiscopale la visite du célèbre Caius-Sollius Sidoine Apollinaire qui, de préfet de Rome était devenu patricien, gendre de l'empereur Avitus et enfin évêque de Clermont en Auvergne. Cet homme illustre, que l'on a appelé à juste titre *le César et le Tacite du moyen-âge pour nos Gaulois*, professait une admiration profonde pous les vertus et les écrits de Fauste. Il fit expressément le voyage de Riez pour s'entretenir avec lui et épancher dans son cœur les sentiments qui débordaient du sien. Le souvenir de cette visite s'est perpétué d'âge en âge dans notre ville, par la dénomination de Saint Sols, vulgairement, *San-Souon*, donnée à la porte et à la rue par où le saint évêque de Clermont fit son entrée dans Riez. Sidoine lui-même nous a transmis les détails de sa visite (1). « Lorsque j'allai à Riez, il y a longtemps déjà, » quand les ardeurs brûlantes de l'été entr'ouvraient la terre » altérée, tu me donnas l'hospitalité, et je trouvai chez toi » une retraite, un ombrage favorable, une table, un lit, » des bénédictions. »

Fauste, juste appréciateur à son tour des mérites et des vertus de Sidoine, prodigua à son hôte tous les devoirs de l'hospitalité la plus généreuse et la plus respectueuse. Il le conduisit dans les principaux lieux du voisinage et notamment à Moustiers, pour visiter les moines et l'église qu'ils avaient construite en ce lieu en l'honneur de la Vierge Mère de Dieu. Sidoine lui en exprime toute sa gratitude et les sentiments que fit naître dans son cœur l'aspect de ce temple : « une faveur plus importante encore, dit-il, c'est que tu » as bien voulu me faire visiter le temple auguste de la » Sainte Mère de Dieu. *Voluisti ut Sanctæ Matris sanctum quo-* » *que limen adirem* (2). J'avoue qu'à son aspect mon âme fut

---

(1) *Carmen Eucharisticum ad Faustum.*
(2) Nous relèverons ici une erreur grossière commise par le savant de Tillemont et que les traducteurs modernes des œuvres de Sidoine ont par-

» saisie d'émotion, et qu'une crainte respectueuse se peignit
» sur mon visage ; je n'eusse pas éprouvé d'autre impression
» si Israël m'eût présenté à Rebecca, et Samuel le Chevelu
» à sa mère Anne. » (ibid. Carm. Euchar.).

Ce fut à l'occasion de cette visite et en remercîment de tous
les soins pieux de son hôte que Sidoine composa son *Carmen*
Eucharisticum, où dans un style concis mais pompeux, il
chante les vertus de l'évêque de Riez. Nous ne pouvons
résister au plaisir de reproduire ici le passage suivant qui en
est la conclusion. Il servira au besoin de preuve de tout ce
que nous avons dit de la piété de Fauste.

« Soit que tu vives dans les syrtes brûlantes, dans des
» lieux inaccessibles....... soit que sur le sommet escarpé
» des Alpes, séjour d'un froid glacial, qui pourtant ne peut
» amortir en ton cœur l'ardent amour que tu portes au
» Christ, je te voie prendre seulement quelques heures de
» sommeil sur une terre nue, effrayer les anachorètes par
» tes austérités, et suivre le chemin où t'appellent Élie, Jean,
» les deux Macaires, Paphnuce, Hilarion....... : soit que
» tu rendes à Lérins son premier père, Lérins où tu vas
» souvent, quoique brisé par la vieillesse, te délasser en
» servant tes disciples ; où tu consacres à peine quelques
» moments au sommeil, évitant de prendre des aliments
» cuits, ne buvant pas du vin, jeûnant sans cesse et chan-
» tant des psaumes, rappelant à tes frères combien de mon-
» tagnes s'élancèrent jusqu'aux cieux du fond de cette île ;
» quelle fut la vie sainte du vieux Caprais ; de quelles grâces
» fut doué Honorat, leur père ; quelles vertus pratiqua ce
» Maxime dont tu es le successeur à double titre, car tu
» gouvernes son église en qualité de pontife, et tu gouvernas
» ses moines en qualité d'abbé........ ; soit que je te contem-
» ple au milieu du peuple confié à tes soins, et qui se prend,

---

tagée après lui. Ils expliquent ces mots : *Sanctæ Matris sanctum limen*,
par la maison de la mère de Fauste lui-même. C'est forcer, ou mieux encore, c'est dénaturer le sens des paroles de Sidoine. Comment veut-on
que Fauste, déjà âgé alors de plus de 80 ans eût encore sa mère, et qu'il
l'eût fait venir de la Grande-Bretagne à Riez ?

» d'après tes exhortations , à mépriser les mœurs de ses
» ancêtres ; soit que je considère ton empressement à pour-
» voir aux besoins des infirmes , des pèlerins et de ceux
» dont les jambes amaigries fléchissent sous le poids des
» chaînes ; soit que , appliqué tout entier à rendre aux morts
» les derniers devoirs , tu ne dédaignes pas de porter toi-
» même les restes livides et infects du pauvre ; soit que
» placé sur les degrés des saints autels , tu parles devant le
» peuple, qui se presse autour de toi pour écouter la loi de
» de Dieu, et puiser les remèdes salutaires qu'elle renferme ;
» *quoique tu fasses , en quel lieu que tu te trouves , tu seras*
» *toujours pour moi Fauste , Honorat et Maxime.* » Ce dernier trait caractérise, beaucoup mieux que nous ne saurions
le faire , la haute opinion de sainteté que Sidoine professait
pour le pieux évêque de Riez.

Voulons-nous connaître encore la haute admiration de
Sidoine pour les œuvres scientifiques et littéraires de Fauste,
écoutons le, s'exprimant ainsi dans son épître 3me, liv. 9.
« Votre éloquence aussi bien que votre bonté est fidèle à ses
» habitudes, et je reçois avec grand plaisir vos lettres parce
» qu'elles sont éloquentes..... Divers motifs me déterminent
» à ne plus vous écrire, mais le plus grand est, que j'admire
» extraordinairement en vous ce style brillant, figuré et
» d'une élégance merveilleuse, tel qu'il se fait remarquer
» dans votre dernière lettre..... Si je m'entretiens encore
» quelque peu avec vous, c'est afin d'obéir, bien décidé que
» je suis à garder le silence pour profiter de vos leçons. C'est
» à vous du reste, seigneur évêque, qu'il appartient d'en-
» seigner une doctrine salutaire et profonde en des ouvrages
» destinés à être immortels. Celui qui vous écoute, lorsque
» vous enseignez ou que vous discutez, n'apprend pas moins
» à bien faire qu'à bien dire. »

Voici un fait plus caractéristique encore que nous trouvons
consigné dans l'épitre 9me, liv. 9 : Un moine, nommé Rio-
chate, portait en Bretagne un nouvel ouvrage de Fauste.
Il fut contraint par les malheurs de la guerre qui désolait la
France, de séjourner plusieurs mois à Clermont où il visita

Sidoine, sans' lui avouer.pourtant le véritable sujet de son voyage. Sidoine ne l'apprit qu'après le départ du messager :
« Je monte aussitôt sur un cheval rapide qui pouvait attein-
» dre facilement le fugitif; j'atteins mon voleur, je lui saute
» au cou...., semblable à une tigresse qui se précipite sur le
» Parthe pour arracher de ses mains ses petits qu'il vient
» d'enlever. Je me jette aux genoux de mon hôte captif,
» j'arrête son cheval...., j'ouvre son bagage, je trouve le
» volume précieux, je le prends, je le dévore et j'en extrais
» de longs chapitres. Des scribes, à qui je dictais en toute
» hâte, savaient, à l'aide d'abréviations merveilleuses, re-
» tracer avec des signes ce qu'ils n'écrivaient pas avec des
» lettres (1). Triomphant de joie, chargé des dépouilles de
» l'amitié, devenu maître d'un butin spirituel, je revins chez
» moi. Ce n'est pas sans raison que tu t'enorgueillis; car
» tu sens bien que tu as un talent d'écrivain capable de for-
» cer ton lecteur charmé à t'applaudir, qu'il le veuille, qu'il
» ne le veuille pas... J'ai lu cet ouvrage fruit de nombreuses
» veilles, cet ouvrage si plein, si fort, si élevé, si bien divisé,
» si riche d'exemples, offrant deux parties sous la forme
» dialogique et quatre parties sous le rapport des matières.
» Tu as écrit souvent avec chaleur, plus souvent avec pompe;
» avec simplicité, mais sans être vulgaire ; avec finesse,
» mais sans être captieux ; tu as traité avec maturité des
» choses graves, avec soin des questions profondes, avec
» fermeté des matières douteuses, avec une solide logique
» des points contestables; certaines choses avec une touche
» sévère, certaines autres avec une touche gracieuse; tu as
» su toujours avoir une façon d'écrire morale, judicieuse,
» puissante, éloquente. Aussi, après t'avoir suivi dans ces
» différents genres à travers le champ d'une immense com-
» position, je puis assurer n'avoir trouvé chez les autres au-
» teurs, en fait d'éloquence ou de génie, rien qui approche
» de cette perfection. Tu peux croire que ce jugement est

(1) Ce que rapporte ici Sidoine, prouve que l'art de la Sténographie était connu et pratiqué par les anciens.

» sincère, puisqu'il vient d'un homme offensé. Enfin, le mé-
» rite de l'ouvrage ne peut s'élever plus haut, ce me semble,
» à moins que la voix de l'auteur, son débit, son geste, son
» maintien, ne viennent ajouter quelque chose (1). »

Ce témoignage de la part d'un auteur qui passe pour un
écrivain des plus distingués de son siècle, nous dispense de
toute autre appréciation du mérite littéraire de Fauste.

§ 7. — FAUSTE SE REND A LYON. — SA CONDUITE PENDANT LA
FAMINE QUI DÉSOLE SA VILLE ÉPISCOPALE. — INSTITUTION DES
ROGATIONS DANS SA CATHÉDRALE.

Vers la fin de l'année 470, Fauste se rendit à Lyon sur
l'invitation de Saint Patiens, pour assister à la dédicace de
l'église que l'on venait de construire. Un grand nombre
d'évêques s'y trouva réuni pour le même objet, et pendant
huit jours cette solennité fut célébrée avec une pompe extraordinaire. Fauste fut invité à prononcer les discours
d'usage : ce qu'il fit aux applaudissements de toute l'assistance. « Quoique j'ai écouté avidement et applaudi avec
» transport, lui écrit à ce sujet Sidoine, tes discours tantôt
» improvisés, tantôt soigneusement travaillés, quand les
» circonstances le commandaient, je t'ai surtout admiré
» lorsque, durant les huit jours de fêtes célébrées pour la
» dédicace de l'église de Lyon, tu cédas aux prières de tes
» pieux collègues qui te pressaient de prendre la parole.
» Ton éloquence alors savait tenir un milieu entre les règles
» de la tribune sainte et de la tribune profane, car toutes
» deux te sont également familières, et nous t'écoutions,
» l'esprit attentif, la tête penchée, et à notre gré tu ne prê-
» chais point assez souvent, parce que tes discours nous
» entraînaient. » (*Épit.* 3, liv. 9.)

Ce fut, pendant son séjour à Lyon, que Fauste se lia de

(1) Nous ne savons point au juste quel est l'ouvrage dont Sidoine fait
un si bel éloge. Bartel, Gennade, Sirmond, etc., croient que c'est le
Traité de la grâce et du libre arbitre, dont nous aurons bientôt à
parler. Mais il faut alors ajouter avec ces auteurs que ce Traité n'est
point celui que nous possédons et qui est attribué à Fauste.

connaissance et d'amitié avec Gundebald, roi des Bourgui-
gnons, qui lui donna en plusieurs occurrences des témoignages d'estime et de respect.

La charité du saint évêque fut mise à une rude épreuve en
l'année 474. La ville et le diocèse de Riez étaient pressurés
sous l'étreinte d'une horrible famine. Dans cette calamité, le
pontife se faisant tout à tous, prodigua à ses enfants affamés
tous les secours que la charité la plus ingénieuse pouvait lui
suggérer. Pauvre lui-même, il se dépouilla encore du peu
qu'il possédait, pour procurer à son peuple les aliments
nécessaires. Il fit venir des provinces voisines, et notamment
de Lyon, de grandes quantités de blé que Saint Patiens mettait à sa disposition (1) et qu'il distribua généreusement à
ses diocésains. A ces secours il joignit ceux de ses exhortations, de ses exemples, de ses austérités pour conjurer
le fléau et obtenir de Dieu sa cessation.

Ce fut à cette occasion aussi qu'il institua dans son église
les trois jours de supplications solennelles, connues sous le
nom de *Rogations*; supplications qui se perpétuent encore de
nos jours, et qui, par là-même, doivent être pour nous plus
saintes et plus respectables. Le Seigneur exauça son serviteur, et le souvenir du terrible fléau ne fit que rendre le
pasteur plus cher à son troupeau.

(1) Voici comment Sidoine s'exprime à ce sujet dans sa lettre à Saint
Patiens de Lyon : « Ce qui te revient en quelque sorte, *à titre de pré-*
» *ciput*, comme disent les jurisconsultes, et ta modestie ne pourra le
» désavouer, c'est l'humanité avec laquelle tu as distribué dans les
» Gaules désolées et partout souffrantes, après l'incursion des Goths,
» après l'incendie des maisons, un blé acheté de tes propres deniers ;
» car pour ces peuples épuisés de faim, c'eût déjà été un bienfait inex-
» primable, si ce blé leur fut venu à titre de marchandise, et non pas à
» titre de présent. Nous avons vu les chemins embarrassés des vivres
» envoyés par toi..... Ainsi quoique je ne puisse connaître au juste les
» actions de grâces que te rendent les habitants d'Arles, de Riez,
» d'Avignon, d'Orange, de Viviers, de Valence et de Trois-Châteaux,
» parce qu'il est difficile de mesurer au poids de l'or la reconnaissance de
» ceux auxquels tu as prodigué des vivres sans en exiger de l'argent,
» moi, néanmoins, je te remercie beaucoup au nom du peuple arverne
» que tu as secouru, etc. » *Épitre 12, livre 6.*

§ 8. — ZÈLE DE FAUSTE CONTRE L'HÉRÉSIE DU PRÉDESTINATIANISME.

L'année suivante (475), Fauste eut l'occasion de signaler
son zèle pour la défense de la foi et la conversion des novateurs. Le prêtre Lucide, attaché à ce qu'on croit à l'église de
Marseille, avait propagé l'hérésie de la prédestination en
niant la coopération du libre arbitre avec la grâce Fauste
tâcha de le détromper dans les lettres qu'il lui écrivit, et dans
les conférences qu'il eut avec lui. Puis voyant l'inutilité de
ses efforts, il le dénonça au concile de la Province que le
métropolitain Léonce convoqua à Arles, et auquel assistèrent
30 évêques, parmi lesquels Saint Euphrone d'Autun, Saint
Patiens de Lyon et Saint Mamert de Vienne. Le concile condamna l'erreur, mais il suspendit les procédures contre
Lucide, sur les instances réitérées de Fauste qui espérait
toujours ramener le novateur à la croyance catholique.
Notre pieux prélat s'aboucha de nouveau avec Lucide et
s'efforça de faire entrer la vérité dans son cœur par les voies
de la douceur et de la bonté, soutenues par l'éloquence de
sa parole et la force de ses raisonnements. Le novateur déjà
ébranlé par une charité si persévérante, demanda alors
d'être instruit par quelque écrit. Fauste se chargea encore de
ce soin, en rédigeant, pendant la tenue même du concile,
une longue épitre qui fut signée par onze évêques afin de lui
donner plus d'autorité.

Cette épitre est un fort beau monument : on la retrouve
dans la *Collection des conciles de l'Église Gallicane*, t. 1, p. 148,
et dans Bartel, *Apologie de Saint Fauste*, p. 50 et suiv. Nous
allons en citer quelques passages qui établissent clairement
la croyance catholique sur cette matière si étrangement défi-
gurée par les hérétiques anciens et modernes. La lettre de
Fauste commence ainsi :

« C'est le grand amour que nous vous portons qui nous
» engage à dissiper l'erreur d'un frère égaré, moyennant
» l'aide et la grâce de Dieu, et à ne point le traiter avec
» rigueur ainsi que se le proposent les pères du concile. Que
» puis-je vous dire par lettres sur cette matière, comme vous
» le demandez, puisque m'entretenant avec vous longuement

» et avec beaucoup de douceur et de bienveillance, je n'ai
» jamais pu vous faire reconnaître la force de la vérité ?......
» Je dirai donc en peu de mots ce que vous devez croire
» avec l'Église catholique, afin que vous détestiez, avec
» l'hérésie pélagienne, Pélage lui-même quand il enseigne
» que la prédestination de l'homme se fait sans aucune coo-
» pération de sa part.

» Anathème donc à celui qui, entre autres impiétés de
» Pélage, dira avec une présomption coupable, que l'hom-
» me naît sans péché, qu'il peut se sauver par ses seuls
» efforts, et qu'il peut être délivré sans la grâce de Dieu.

» Anathème à celui qui dira, que l'homme solennellement
» baptisé et professant la foi catholique, mais tombé ensuite
» dans diverses fautes, a péri dans Adam et par le péché
» originel.

» Anathème à celui qui dira que l'homme est destiné à la
» mort éternelle par la prescience de Dieu.

» Anathème à celui qui dira que celui qui a péri, n'avait
» pas reçu les moyens de se sauver, ce qui s'entend d'un
» homme baptisé ou d'un payen de ce temps, qui a pu
» croire et ne l'a pas voulu.

» Anathème à celui qui dira que le vase d'ignominie ne
» peut jamais devenir un vase d'honneur.

» Anathème enfin à celui qui dira que le Christ n'est pas
» mort pour tous les hommes, et qu'il ne veut pas le salut
» de tous. »

Fauste lui promet ensuite de développer en présence du
concile les preuves à l'appui et de réfuter toutes ses objec-
tions. Il explique brièvement, mais avec clarté, le sens de
chaque anathème, et insiste sur la nécessité de la grâce
divine et de la correspondance de l'homme à cette grâce pour
assurer le salut. Il termine ainsi sa lettre : « Je garde une
» copie de cette lettre, pour la mettre sous les yeux des
» pères du concile, si cela est nécessaire. Si votre frater-
» nité croit devoir y adhérer, qu'elle me l'a renvoye bientôt
» signée de sa main, ou qu'elle réponde qu'elle la rejette
» entièrement. Si vous ne voulez point la renvoyer signée

» comme il a été dit , vous prouverez ouvertement par votre
» silence que vous persevérez encore dans votre erreur :
» vous m'obligerez par conséquent à dénoncer votre per-
» sonne dans une assemblée publique. Écrivez-moi donc ,
» comme je vous l'ai déjà dit, si rejettant tout détour , vous
» approuvez ou vous rejettez le contenu de cette lettre. »

Cette épitre fit une impression si vive sur l'esprit de Lucide ,
qu'il y apposa sa signature , et qu'appelé ensuite devant le
concile , il rétracta solennellement de bouche et par écrit
l'hérésie de la prédestination.

§ 9. — FAUSTE PUBLIE SON OUVRAGE SUR LA GRACE
ET LE LIBRE ARBITRE. — EXAMEN CRITIQUE.

Comme, après le Seigneur , on attribua la solution de
cette affaire au zèle de Fauste et à sa lettre , les pères du
concile d'Arles l'engagèrent à écrire contre l'hérésie prédes-
tinatienne, et à classer par ordre les raisons qu'on lui avait
opposées. Fauste se rendit volontiers à leurs désirs : il composa un ouvrage divisé en deux volumes, sur *la grâce et le*
libre arbitre. Avant qu'il l'eùt rendu public, un second concile
fut convoqué à Lyon contre les prédistinatiens. Ce concile
confirma le jugement rendu par celui d'Arles, et condamna
les nouvelles erreurs qui avaient été découvertes dans ces
sectaires. Fauste, qui était du nombre des pères de Lyon, fut
de nouveau prié de publier son ouvrage et d'y joindre la
réfutation des nouvelles erreurs. Ces détails se trouvent
consignés dans la préface même de l'ouvrage de Fauste , que
l'auteur dédia à Léonce d'Arles, son métropolitain. (Voir
Bartel, *Apologia pro S. Fausto*, p. 81 et suiv.)

Nous y lisons en effet : « Le concile des évêques que, dans
» votre sollicitude pastorale, Bienheureux Pape Léonce,
» vous avez convoqué pour la condamnation de l'erreur de
» la prédestination, vous l'avez rendu commun à toutes les
» églises des Gaules. Mais quant à la rédaction de ce qui a
» été si bien dit dans les conférences publiques, vous en avez
» confié le soin et le travail à une personne peu capable.
» Vous avez peu pourvu à une si grande affaire et à votre
» sainte réputation, je le crains du moins ; et la responsabi-

» lité en retombe et sur vous par le fait de votre choix, et
» sur moi par le jugement de votre charité. Puisque vous
» savez donc que votre personne est engagée sous le faix qui
» nous est imposé, vous faites en cela cause commune, si
» vous accordez un accueil favorable à celui que vous voyez
» être bien au dessous de votre estime. » Il expose ensuite
le but de son ouvrage, le genre de preuves dont il se sert et
le motif de la simplicité de son style, *ut quæ putabantur obs-
cura absolutiora tardioribus redderentur; afin de mettre à la
portée des intelligences les plus bornées, ce qui passait pour fort
obscur.* Il termine ainsi sa lettre : « Après la souscription
» du concile d'Arles, de nouvelles erreurs ayant été décou-
» vertes, le synode de Lyon a exigé que nous ajoutions de
» nouvelles choses à ce présent ouvrage. »

Dans cette même lettre, Fauste pose ce principe contre
les Pélagiens : que pour établir utilement et salutairement
la grâce, il faut y joindre l'obéissance d'un travail qui en
dépend. « C'est comme un serviteur, dit-il, qui doit tou-
» jours suivre son maître: s'il arrive que l'un soit sans l'au-
» tre, alors le maître sans serviteur paraît sans honneur,
» et le serviteur sans son maître, oubliant sa condition,
» ose prendre la place du maître. »

Après un exposé si formel et si précis de la doctrine catholique touchant la grâce, on a tout lieu de s'étonner que
l'auteur des deux livres *De la grâce et du libre arbitre*, ne
suive point cette maxime dans le cours de cet ouvrage. On
s'aperçoit en effet aisément que *la nécessité de la grâce prévenante pour le commencement de la bonne action* n'y est point reconnue. En voulant donc réfuter la doctrine des Pélagiens,
l'auteur serait tombé dans une autre erreur qui nous est
connue sous le nom de *Semi-Pélagianisme*, et qui fut pros-
crite 54 ans après par le second concile d'Orange.

C'est donc le cas d'examiner ici deux choses qui ont longtemps été controversées parmi les auteurs, à savoir : 1° Si
Fauste a réellement nié la nécessité de la grâce prévenante
dans le traité déjà cité, et si ce même traité n'a point été
altéré ou corrompu par les hérétiques. 2° Si, en niant la

nécessité de la grâce prévenante, Fauste a été véritablement
hérétique, et partant si on peut lui infliger ce titre infamant
et lui contester le culte public qui lui a toujours été rendu.

Répondant à la première question, nous disons d'abord
que plusieurs auteurs graves ont formellement nié que Fauste
ait jamais enseigné l'erreur des semi-pélagiens dans son livre
de la grâce. Nous citerons parmi ces auteurs : 1º le savant
Bollandiste, le P. Stilting qui soutient et prouve fort longuement que Fauste reconnut au contraire toujours la nécessité
de la grâce proprement dite pour le commencement de la
foi. (Voir *Acta sanctorum*, sous le 28 septembre, tome 7 de
ce mois et 47 de l'ouvrage.)

2º Gennade, *De viris illust.* chap. 85, qui rend ainsi compte
du livre précisément incriminé : « Fauste publia aussi un
» ouvrage remarquable sur la grâce de Dieu par laquelle
» nous sommes sauvés. Dans cet ouvrage il enseigne que la
» grâce divine invite toujours, précède et aide notre volonté,
» et que tout ce que le libre arbitre acquiert du travail d'une
» pieuse récompense, n'est point l'effet du mérite propre,
» mais un don de la grâce. *Edidit quoque opus egregium de
» gratiâ Dei quâ salvamur : in quo opere docet gratiam Dei
» semper invitare, præcedere et adjuvare voluntatem nostram,
» et quidquid ipsa libertas arbitrii de labore piæ mercedis ac-
» quisierit, non esse proprium meritum, sed esse gratiæ do-
» num.* »

3º Pierre Equilin *(Cathalog. sanct. lib. 2, cap. 91)*; Gesner
Conrard *(In Biblio. de Fausto)*; Honoré d'Autun *(De Ecclesiæ
luminaribus)*; et autres, qualifient toujours le même ouvrage,
opus egregium, et son auteur, *vir sanctitate plenus*.

Nous dirons en second lieu : que beaucoup d'autres auteurs
ont avancé par contraire que Fauste a réellement abondé
dans le sens des semi-pélagiens; mais que parmi ces auteurs
il n'y a ni entente, ni accord. Ainsi Baronius nous dit d'abord
(dans le tome VI de ses Annales, année 490) : *qu'il n'est point
possible de produire quelque excuse ou défense pour Fauste que
l'on sait être attaqué dans tout l'univers catholique.* Il fait plus :
ce Fauste, ajoute-t-il; *après que l'on eût démasqué les fourberies*

au moyen desquelles il s'efforça de faire revivre les impiétés de Pélage, mourut sans gloire et sans estime dans l'esprit des évêques, et nous nous étonnons que quelques-uns lui donnent imprudemment le titre de saint. Nous verrons plus tard comment Baronius chante la palinodie. Voilà donc pour le moment notre Fauste hérétique obstiné et mort dans son obstination. Écoutons maintenant Jean Trilthème (de script. eccl.) *Fauste,* dit-il, *d'abbé de Lérins devenu évêque de Riez dans la Gaule, homme savant et éloquent, mais entaché de l'erreur pélagienne; de là ses ouvrages sont classés parmi les livres apocryphes, comme on le voit par la* 15 dist. *sancta Romana. Corrigé enfin et amandé par le B Fulgence, évêque de Ruspe, il abandonna l'erreur et retourna à la vérité de la foi catholique, et en preuve de ce il publia un volume remarquable contre ses anciennes erreurs, qu'il intitula de la grâce de Dieu.* Il résulte que le même livre que Baronius et ses adhérents attaquent et condamnent comme hérétique, Trilthème le vante comme un antidote contre l'hérésie. Ce même Fauste, que l'un fait mourir dans l'obstination, l'autre le fait vivre et mourir dans la défense de la vérité. De grâce, qu'on s'entende !.....

Nous dirons en troisième lieu : qu'il y a de fortes raisons pour croire que le traité de la grâce composé par Fauste ne nous est point parvenu dans son intégrité ; qu'il a bien pu être altéré, corrompu, dénaturé par les semi-pélagiens eux-mêmes, intéressés à se couvrir du nom et de la réputation du saint évêque de Riez. L'histoire nous fournit des preuves de l'altération par les hérétiques, de plus d'un ouvrage des pères de l'Église, ainsi que l'a fait remarquer Bellarmin (*de script. eccl. p,* 161.). Nous citerons parmi les raisons à l'appui, les suivantes : — 1° Dans le traité de la grâce, tel que nous l'avons, on trouve, non à la fin, mais au commencement de ce livre, les souscriptions des conciles d'Arles et de Lyon. Cependant aucun décret n'avait prescrit d'apposer cette souscription et cette approbation. Il résulte donc de là, ou que l'ouvrage de Fauste est approuvé, ou qu'il est désapprouvé par ces conciles. S'il n'est point approuvé, à quoi bon ces souscriptions soit à la fin, soit au commencement du livre? S'il est approuvé par contraire, ce n'est point au commencement, mais à la fin qu'il fallait les placer, pour qu'on ne pût rien ajouter d'erroné et de contraire à l'esprit de ces conciles. Eût-il été prudent de la part des pères, de mettre leur approbation en tête d'un ouvrage suspect, qui eût induit facilement les fidèles dans l'erreur?

2° Dans ce même traité, tel que nous l'avons, on ne trouve point les additions que le concile de Lyon avait ordonné de faire aux livres de Fauste, à l'occasion des nouvelles erreurs qui avaient été découvertes; livres déjà souscrits, comme nous l'avons dit, par les pères du concile d'Arles. Ce n'est donc point véritablement et purement l'œuvre de Fauste que nous possédons.

3° Comment concilier le témoignage de Gennade sur les principes orthodoxes contenus dans le *Traité de la grâce* par Fauste, avec ceux qu'on trouve aujourd'hui dans ce même Traité? Comment concilier encore les principes émis dans l'épitre dédicatoire de ce Traité avec ceux qu'on voit actuellement dans le cours de ce même Traité? rien de plus orthodoxe que cette lettre, et rien de plus hétérodoxe que cet ouvrage? (Voir pour plus de détails, l'*Apologie de Saint Fauste* (1), par Bartel et le P. Stilting).

Concluons donc qu'il est bien permis de croire que le *Traité de la grâce* qui contient la doctrine semi-pélagienne, n'est plus l'ouvrage intègre, authentique et véritable de Fauste de Riez.

Répondant ensuite à la seconde question, nous disons contre Molanus et ses adhérents qui, regardant Fauste comme coupable d'hérésie, lui contestent le titre de Saint : que lors même que Fauste aurait nié la nécessité de la grâce prévenante, on ne saurait sans injustice le qualifier d'hérétique et

_____

(1) Cette Apologie, à laquelle tous les historiens et les biographes renvoient les curieux, mérite à tous égards d'être lue. Avec beaucoup d'érudition, et un style élégant, on y voit réunie une masse de preuves bien propres à désarmer et confondre les détracteurs de la doctrine et de la sainteté de Fauste.

lui ravir le culte public dont il est en possession. Nous le prouvons en nous appuyant sur les principes suivants, qui sont incontestés et incontestables tout à la fois.

Non omnis error hominem facit hæreticum ;
Sed pertinacia in errore ab Ecclesiâ damnato.

Ce n'est point l'erreur quelle qu'elle soit qui rend l'homme hérétique; mais c'est la persistance dans l'erreur condamnée par l'Église.

Ce principe est si vrai que, s'il n'était point admis, il faudrait déclarer hérétiques et exclus du catalogue des saints, une foule de pères et de docteurs de l'Église, en commençant par Saint Augustin, Saint Clément d'Alexandrie, Saint Grégoire de Néocésarée, Saint Pierre Damien, Saint Thomas, comme l'a fait remarquer le pieux et saint cardinal Bellarmin, dans ses *Écrivains ecclésiastiques.*

Or, quand Fauste publia son *Traité de la grâce* (475), il n'avait point encore été rendu par l'Église aucune décision dogmatique touchant la nécessité de la grâce prévenante. Ce n'est que dans le second concile tenu à Orange en l'an 529, c'est-à-dire 54 ans après la publication du livre de Fauste et 36 après sa mort, que l'Église porta un jugement définitif. Donc, on ne peut dire que Fauste ait été hérétique : donc, s'il ne fut pas hérétique, on ne peut lui ravir le culte qui lui est rendu.

Quand une question religieuse est controversée parmi les docteurs et les théologiens, et tant qu'aucune décision suprême n'est point intervenue, on peut en toute sûreté de conscience, soutenir l'affirmative ou la négative, pourvu que : 1° l'on soit sincèrement disposé à se soumettre au jugement de l'Église quand il sera rendu, et que : 2° on vive dans la paix et la communion de l'Église. Second principe aussi vrai que le premier.

Or, quand Fauste publia son traité, la nécessité de la grâce prévenante était une question fort controversée. Les uns l'admettaient, les autres la rejettaient, sans être pour cela hostiles à la foi catholique. Aucun jugement doctrinal n'avait

été rendu, nous l'avons déjà dit. Reste à démontrer que
Fauste était sincèrement disposé à se soumettre à la décision
de l'Église, et qu'il vécut toujours dans la paix et la communion de cette même Église. Nous en trouvons des preuves
nombreuses : 1° dans les monuments qui nous restent de
ses vertus, de son humilité, de son zèle pour la défense de
la foi, de son dévoûement à la conversion des novateurs, de
ses souffrances pour la vérité catholique ; dans ses relations
avec tous les plus illustres pontifes de son siècle, etc. — 2°
Dans la sage conduite du second concile d'Orange qui, tout
en condamnant l'erreur des Semi-Pélagiens, n'infligea aucune censure, aucun anathème, ni au livre, ni à l'auteur
du livre de la grâce. Le concile eût-il omis de le faire, à
l'exemple de ses devanciers, s'il n'avait pas été convaincu
des dispositions de Fauste ? Nouvelle preuve, remarquons-le
en passant, de la possibilité d'une altération de l'ouvrage
en question. — 3° En ce que, 5 ans après ce concile, le
Pape Jean II, confirmant les actes du concile tenu contre
Contumeliosus de Riez, écrit à Saint Césaire d'Arles, en parlant de notre Fauste : *Faustus episcopus sanctus in epistolâ
suâ dixit : perdit gratiam consecrati qui adhùc officium vult
exercere mariti.* Paroles qui sont encore aujourd'hui une
maxime du droit canonique. Oserait-on bien qualifier saint,
un écrivain qui, méchamment et avec obstination aurait propagé l'erreur ? Pouvait-il ignorer, ce même pape, que ses
prédécesseurs Gélase et Hormisdas avaient censuré ce livre
qui aurait répandu le venin de l'hérésie ?

Nous trouvons enfin des preuves dans ce même Baronius
déjà cité, et nous l'opposons à lui-même. Écoutons-le, t. X
de ses Annales, p. 961, *in addendis* : « Après ce que nous
» avons reconnu et trouvé aujourd'hui, nous jugeons néces-
» saire de réformer le jugement que nous avons porté sur
» Fauste dans notre édition précédente, tout en laissant
» exister la censure infligée à ses écrits. Puisque jusqu'à nos
» jours en effet le martyrologe de l'Église gallicane admet ce
» même Fauste parmi les Saints, et que Molanus l'en a exclu
» le premier, et que, comme nous l'avons appris, l'Église de

» Riez dans la Gaule, dont il a été évêque, l'a toujours
» honoré comme un saint, célébrant sa natalice le 17 de
» janvier (1) ; et qu'il existe en ce lieu une ancienne église,
» sous son vocable, où on lui rend encore un culte ; qu'en
» outre depuis tant de siècles, au su et vu du monde chré-
» tien, l'Église romaine n'y mettant point opposition, per-
» sonne, que nous sachions, ne réclamant, ces honneurs lui
» sont censés justement rendus : nous pouvons dire qu'il a pu
» arriver de Fauste (ce qu'il est arrivé de plusieurs autres
» saints), qu'il ait péché par erreur. Que lorsque cette ques-
» tion aura été définie par l'autorité du siége apostolique, et
» son opinion condamnée par le sentiment des pères, il aura
» détesté lui-même son erreur dans des écrits contraires qui
» ont pu périr comme tant d'autres ; ou qu'avant la condam-
» nation par l'Église de ses écrits, il était déjà mort (car on
» ne connaît pas au juste l'année de son décès), étant disposé
» à suivre en cela ce que l'Église ordonnerait de suivre. On
» comprend en effet facilement que telle fut sa disposition
» d'esprit et qu'elle fut connue des autres, puisqu'il vécut
» toujours dans la communion des plus saints prélats des
» Gaules, comme l'indiquent les actes des conciles d'Arles et
» de Lyon ci-dessus mentionnés. Que ses droits restent donc
» tous entiers à Fauste, et que nos écrits ne lui portent au-
» cun préjudice ; et que le jugement d'un particulier ne fasse
» point sacrifier l'antiquité à la nouveauté. MANEANT IGITUR
» FAUSTO INTEGRA JURA SUA, NEC EX NOSTRIS SCRIPTIS SENTIAT
» PRÆJUDICIUM ; NEQUE PRIVATO JUDICIO NOVITATI LICEAT CON-
» VELLERE ANTIQUITATEM. »

Il ressort donc évidemment de toutes ces preuves qu'on
ne peut infliger à Fauste le titre infamant d'hérétique. Qu'il

_____

(1) Ici Baronius n'était pas parfaitement renseigné. L'Église de Riez a
fait de tout temps la fête de Saint-Fauste avec octave, le 4 des calendes
d'octobre ou 28 de septembre. Celle de Cavaillon, qui possède son corps,
en fait la fête le 21 de mai, sous le rit double-majeur. — La natalice de
Fauste marquée dans le martyrologe gallican, sous le 17 des calendes de
février ou 16 de janvier, désigne plutôt le jour anniversaire de son
sacre, que l'on appelait *natalis* ou *natale* dans le V⁰ siècle.

ait retracté ses erreurs avant sa mort, ou qu'il y ait persé-
véré, on ne peut contester son orthodoxie.

De quel droit donc Molanus et quelques autres après lui se
sont-ils permis d'expulser notre Fauste du martyrologe et de
lui contester le titre de saint que la vénérable antiquité lui
avait assuré et reconnu? pourquoi ajouter foi aux martyrologes de diverses églises , et rejetter ceux de Riez, de
Cavaillon et de Lérins? et quand toute l'Église gallicane ho-
norait Fauste comme un saint, n'était-ce point faire injure à
cette Église et l'accuser d'erreur que de le retrancher, de son
autorité privée, du catalogue des bienheureux? Qu'on censure
ses écrits , qu'on les condamne aux flammes, si l'on veut,
pourvu qu'on ne nie point ses vertus, sa sainteté, et qu'on ne
conteste point sa gloire et son crédit auprès de Dieu.

§ 10. — FAUSTE EST DÉPUTÉ AUPRÈS DU ROI EVARIC.

Ce n'est point seulement aux affaires de la religion ou de
l'Église que nous trouvons mêlé le nom de Fauste. La haute
estime dont il jouissait auprès des princes de la terre, le
désigna à leur choix pour la défense de leurs intérêts tem-
porels. L'empire, qui avait souvent changé de maître en peu
de temps , était alors gouverné par Julius Nepos. Les Visi-
goths, sortis des frontières d'Espagne, et déjà établis sous la
conduite d'Evaric dans la Novempopulanie et à Narbonne,
crurent que l'occasion leur était favorable pour étendre leur
conquête. Ils allèrent donc assiéger la ville des Arvennes , et
de là ils menaçaient la province de Vienne et les autres provinces voisines.

Dans cette conjoncture, Julius Nepos, qui n'était point en
état de résister à Evaric, eut recours à la négociation, et en
chargea quatre évêques, Léonce d'Arles, Grœcus de Marseille, Basile d'Aix et Fauste de Riez. Les députés se rendirent auprès du roi Barbare avec mission de traiter de la paix,
espérant ainsi préserver l'empire d'un nouveau démembre-
ment et leurs églises des ravages et des ruines exercées dans
les provinces voisines. « C'est vous, écrivait Sidoine à Basile,
» qui, avec les saints pontifes Léonce, Fauste et Grœcus,

» êtes chargé de transmettre les désastres des alliances, les
» traités de paix entre les deux États. Faites que l'union, la
» concorde règne parmi les princes, qu'il nous soit libre
» d'ordonner des évêques, et que les peuples des Gaules qui
» seront renfermés dans l'empire des Goths, appartiennent
» à notre foi, s'ils ne doivent plus appartenir à notre domi-
» nation. » (Épit. VI, lib. VII, ad Basilium.)

La négociation ne fut pas heureuse. Evaric poursuivit ses
conquêtes. Il se rendit d'abord maître d'Arles et de Marseille,
et de là se répandant comme un torrent dévastateur, il soumit à ses lois toute la partie de la Provence en deçà de la
Durance. Grégoire de Tours parle de la cruelle persécution
que ce roi Arien fit souffrir aux fidèles des Gaules : « Il faisait
» décapiter, dit-il (1), tous ceux qui ne voulaient pas se sou-
» mettre à sa perverse hérésie, et plongeait les prêtres dans
» les cachots. Quant aux évêques, il envoyait les uns en
» exil, et faisait périr les autres. Il avait ordonné de barri-
» cader les portes des églises avec des épines, afin que
» l'absence du culte divin fit tomber en oubli la foi. » La Gas-
cogne et les Deux-Aquitaines furent surtout en proie à ces
ravages. La Provence fut moins maltraitée, il est vrai, puisque
Evaric souffrit l'assemblée des évêques à Arles, où l'on condamna l'hérésie des prédestinatiens (2). Mais elle eut à supporter beaucoup encore des moyens, des ruses, des violen-
ces employés pour implanter la pernicieuse hérésie d'Arius.

§ 11. — FAUSTE EST EXILÉ POUR LA FOI.

Dans cette extrémité, le zèle de Fauste pour la foi catholique se manifesta avec plus d'éclat qu'auparavant. Il songea
d'abord à prémunir ses ouailles. On le vit parcourir les villes
et les bourgs de son diocèse, prêchant avec une ardeur extraordinaire, démontrant avec autant d'éloquence que de
lucidité la vérité catholique dénaturée par les sectaires, ins-
pirant à tous une vive horreur de l'hérésie. Mais ce fut sur-

(1) *Hist. franc.* 11, 25.
(2) Voir l'*Antiquité de l'église de Marseille et la succession de
ses évêques*, par Mgr. de Belsunce, t. 1. p. 169, 185.

tout dans sa ville épiscopale qu'il fit éclater son zèle, réunissant chaque jour son peuple et son clergé, s'imposant de nouvelles austérités, et soupirant après la palme du martyre afin que son sang éloignât la contagion du troupeau confié à ses soins.

Ce n'était point assez pour lui. Pontife de l'Église et gardien du dépôt de la foi, il voulut pourvoir encore aux besoins de tous les fidèles. Il publia à cette fin un grand nombre de lettres contre les Ariens, et son ouvrage contre les hérésies d'Arius et de Macédonius. Il y ajouta un traité spécial du Saint-Esprit. Ce zèle ne pouvait que déplaire au tyran: il menaça, mais en vain; le saint évêque n'était que plus ardent à la défense de la vraie foi: Evaric ordonna alors de se saisir de sa personne, et, l'exilant de son diocèse, il lui assigna la ville de Limoges pour prison.

La persécution est la pierre de touche de la sainteté. Fauste ne se relacha ni de son zèle, ni de ses austérités. Ceux, au milieu desquels il était condamné à vivre, témoins de ses exemples, admirèrent sa grandeur d'âme, se retrempèrent dans la foi et la pratique des vertus chrétiennes. La terre d'exil fut un nouveau théâtre, ménagé par la divine providence à ce généreux confesseur de la foi. Rurice, évêque de Limoges, vint le visiter souvent, et lui adoucit par ses bons offices la rigueur de l'exil. Il avait pour Fauste une piété filiale, une tendre vénération, une confiance aveugle, se dirigeant d'après ses conseils et lui laissant la direction de sa conscience. C'est ce qui paraît par la lettre de remercîments que notre saint évêque lui adressa quelque temps après, et que l'on trouve encore dans la *Bibliothèque des·pères*, t. 5, p. 439. *Épist. ad Ruricum.*

§ 12. — FAUSTE REVIENT DE L'EXIL. — SA MORT.

Le roi Evaric étant mort, Fauste vit finir son exil, et put retourner dans son église, en 484. Il y fut reçu avec transport, et avec tous les honneurs dus à un généreux confesseur de la foi. Son grand âge n'avait point affaibli son zèle et sa mortification. L'éloignement n'avait fait que lui rendre

plus cher le troupeau confié à ses soins. Son entrée fut un
véritable triomphe, et de douces larmes coulèrent de tous
les yeux. Sentant sa dernière heure approcher, il se prépara
avec toute la ferveur possible à soutenir le dernier combat,
attendant avec une juste confiance la récompense promise à
ses travaux et à ses vertus. Enfin après plus de 33 ans d'épiscopat passés dans toutes les rigueurs de la vie monastique, il
mourut en paix dans son église le 25 de janvier de l'an 493,
âgé de plus de cent ans.

Fauste fut inhumé dans son église cathédrale ; mais son
corps fut transporté dans la suite, sans qu'on en connaisse le
motif, à Cavaillon, où il est exposé à la vénération des fidèles sous le nom du B. Fauste, abbé de Lérins. On ne possédait plus à Riez pour toute relique, que ses vêtements et la
chaire du haut de laquelle il annonçait la parole sainte, et
prononça, entre autres sermons, le panégyrique de son
saint prédécesseur Maxime. Ces précieux restes étaient conservés dans l'antique basilique de Saint-Alban, dite ensuite
de Saint-Maxime. Ils périrent avec tout le mobilier de cette
église, dans l'incendie et le ravage qu'y commirent les Hu-
guenots en l'an 1574. On s'explique avec peine l'absence de
toute relique de Saint Fauste dans notre cathédrale, même
après ce désastre.

§ 13. — CULTE RENDU A FAUSTE. — TÉMOIGNAGES EN FAVEUR DE CE CULTE.

Le culte public rendu à Fauste remonte à la plus haute
antiquité, et date de sa mort. Nous trouvons sa fête marquée
avec octave, et inscrite en gros caractères et à l'encre rouge,
dans le plus ancien calendrier manuscrit de notre église, et
la messe en son honneur dans un vieux missel manuscrit,
comme nous l'atteste Bartel, p. 132 et 34 de son *Apologie*.
Dans l'antique basilique de Saint-Maxime, qui fut l'église
cathédrale pendant plusieurs siècles, il y avait une chapelle
sous le vocable de Saint Fauste. Les savants Bollandistes,
sous la date du 17 de janvier et Baronius lui-même, sont dans
l'erreur quand ils disent qu'il existe dans la cité de Riez une

basilique bâtie en son honneur. Il n'y a jamais eu de basilique, mais bien une chapelle dans la basilique de Saint-Maxime.

L'église de Riez a toujours célébré sa fête le 28 du mois de septembre, sous le rit de double de 2ᵉ classe avec octave. Celle de Cavaillon la célèbre le 21 de mai, sous le rit de double majeur. A Lérins et dans les églises de l'Ordre, elle se faisait le 17 de janvier, que l'on croit être le jour de son élévation à l'épiscopat et de son sacre, comme nous l'attestent Salerne, (*Chronique de Lérins*, part. 1, pag. 52), Barralis, (*Chronique de Lérins* part. 1. *de Fausto*). On trouve pareillement son nom dans l'ancien martyrologe galican.

Pour ne laisser aucun doute dans l'esprit de nos lecteurs, et venger tout à la fois l'honneur de Fauste et celui des églises qui l'honorent comme saint, contre Molanus et ses adhérents, nous réunirons ici divers témoignages extraits d'auteurs graves et dignes de toute confiance.

Nous ne reviendrons pas sur le témoignage de Saint Sidoine de Clermont que nous avons cité déjà si souvent, et qui fut l'ami et le témoin de la sainteté de la vie de Fauste. Mais nous dirons dabord avec le pape Jean II et Saint-Césaire d'Arles : *Faustus, episcopus sanctus, dixit in epistolâ suâ* : etc. Voir ci-dessus § 9. Ce témoignage est pour nous d'un prix infini, car ici Jean II, parle comme chef de l'Église, répondant à un concile dont il approuve les actes. Il ne craint point de donner à Fauste la qualification de *Saint* et d'invoquer son témoignage, et il ne peut ignorer que déjà ses prédécesseurs, Gélase et Hormisdas, ont censuré les écrits de ce même Fauste, et que le concile de Rome, tenu en 496, a rangé ces mêmes écrits parmi les livres apocryphes.

2º L'auteur de la vie de Saint Hilaire d'Arles, qui écrivit après la mort de Fauste, n'est pas moins explicite ; il l'appelle *Saint*, et déclare qu'Hilaire pénétrant l'avenir, voulut at ester la sainteté de Fauste, en l'obligeant à siéger, dans une assemblée d'évêques entre les saints pontifes Théodore et Maxime. *In eodem loco tunc temporis SANCTUM FAUSTUM presbyterum pariter et abbatem , itâ futurorum præscius (Hila-rius) honoravit , ut inter se et sanctos sacerdotes Theodorum et Maximum , medium compelleret residere.*

3º Diname Patrice , qui a écrit le premier la vie de Saint Maxime , atteste aussi·la sainteté de Fauste quand il dit dans sa lettre dédicatoire à Urbicus de Riez. *Vetera vos igitur Chartarum judicastis revolvisse volumina , in quæ quid ex ejus operibus , BEATI FAUSTI antistitis prædecessoris vestri , so-lertia devota collegerat , undè pauca potius sensu quàm obtutu decernere potuistis.*

4º Pierre le Vénérable , abbé de Cluni , rend le même témoignage dans sa lettre contre le calomniateur de Pierre de Poitiers , lorsque , énumérant les saints pontifes loués par Saint Sidoine Appollinaire , il dit de Fauste :

Sed neque Faustus abest abbas , heremita , sacerdos ,
Quem tua nequaquam lingua latere sinit.

5º Raphaël Volaterranus , dans ses commentaires , (Lib. 16. *Antropologiæ*), dit : *Faustus , præsul Reginus sub Anas-tasio primo CLARUIT SANCTITATE ET DOCTRINA.*

6º Pierre Equilin , dans son *Catalogue des saints* , (Liv. 2. c. 91 , sous ce titre : *de Sancto Fausto episcopo*), nous dit : *Faustus episcopus apud Regium Galliæ , ex Lirinensi abbate episcopus est electus , VIR SANCTITATE PLENUS et divi-nis scripturis jugiter intentus...... 17 cal. febru. in pace pau-savit.*

7º Gennadius , (dans ses *Hommes illustres*) , *chap. 85*; Ho-norius d'Autun , (*de illustribus ecclesiæ luminaribus*) , quali-fient Fauste de *vir in divinis scripturis satis intentus* , et en font le plus grand éloge.

8º Génébrard , archevêque d'Aix , dans ses œuvres diver-ses publiées à Paris en 1578 , a reproduit un sermon de Fauste aux moines de Lérins qu'il intitule ainsi : *Oratio SANCTI FAUSTI Regiensis de instructione monachorum.*

9º Baronius enfin qui proclame la légitimité et l'antiquité du culte rendu à Fauste , lui qui l'avait attaqué dabord avec tant de violence.

N'ajoutons.point ici d'autres témoignages et sachons comprendre tout ce qu'a d'éloquence et de sagesse, la conduite de l'Église Romaine, notre mère et notre guide à tous, quand elle approuve, au moins par son silence, le culte public rendu à Fauste.

§ 14. — ŒUVRES LITTÉRAIRES DE FAUSTE.

Parmi les œuvres de Fauste qui ont survécu à l'injure du temps, nous devons distinguer :

1o *Homilia de Sancto Maximo*, que Doni d'Attichi, évêque de Riez, fit réimprimer en latin et en français en 1614, sous ce titre : *Elogium de Sancto Maximo.*

2o *Liber de Spiritu-Sancto*, ou Traité du Saint-Esprit contre les Macédoniens. L'auteur prouve la divinité, la consubstantialité et la coéternité de la troisième personne de la Sainte Trinité. On l'a souvent imprimé sous le nom de Paschase, qui fut diacre de l'Église Romaine sous les papes Anastase et Symmaque. On le trouve dans la *Bibliothèque des pères*, t. VIII. page 807.

3o *De gratiâ Dei et humanæ mentis libero arbitrio libri duo.* C'est dans cet ouvrage dirigé contre les prédestinatiens, et si diversement jugé par les auteurs, que Fauste aurait émis des sentiments favorables aux erreurs des Semi-Pélagiens. C'est pour cela qu'il fut censuré par les papes Gélase et Hormisdas, réfuté par Saint Isidore et autres pères, et rangé enfin au rang des livres apocryphes par un concile de Rome.

4o *Ad Lucidum epistola*; on trouve cette lettre dans la collection des *Conciles de l'Église Gallicane*, t. 1. p. 148.

5o *Professio fidei ad Leontium episcopum Arelatensem de Gratiâ Dei et humanæ mentis arbitrio libero.* Reproduit par Bartel dans l'*Apol. de Saint Fauste*, pag. 81.

6o *Libellus de creaturis.* Ce traité a pour objet de prouver contre quelques hérétiques que Dieu seul est incorporel ou n'a point de corps et que les créatures ne sont point incorporelles.

7o *Adversùs Arianos et Macedonianos libellus*, ou traité de l'unité de nature des trois personnes divines.

8° *Ad Græcum diaconum responsio contra Nestorii errorem.*
Dans cette lettre Fauste combat l'hérésie de Nestorius, et fait
profession de croire que *la Sainte-Vierge Marie n'a point mis
au monde un simple homme qui dans la suite se serait uni ou revêtu de la divinité, mais un vrai Dieu dans un vrai homme.*

9° *De variis questionibus ad Paulinum.*

10° *De Pœnitentid ad Felicem,* ou exhortation à la crainte de
Dieu et à la pénitence.

Ces trois derniers écrits furent reproduit en 1586, à Paris,
par Pierre Pithon.

11° *Epistolæ ad diversos.*

12° *Ad Ruricum epistola.* Biblioth. des pères, t. V.

13° *Sermo ad Monachos,* reproduit en 1578, par Génébrard.

14° *Six sermons sur divers sujets,* qui ont été publiés pour la
première fois par les pères Martenne et Durand, dans le
tome IX de la *Collectio amplissima veterum monumentorum.*

15° Savaron, dans ses *Commentaires sur Saint Sidoine,* et
Bellarmin, dans ses *Écrivains ecclésiastiques,* attribuent encore à Fauste de Riez LES 50 HOMÉLIES qui ont été faussement
publiées sous le nom d'Eusèbe d'Emèse et que l'on retrouve
dans la *Bibliothèque des Pères.* « Ce qu'il y a de certain, dit
» Bellarmin en parlant de cet Eusèbe d'Emèse (qui était grec
» de nation et de plus hérétique); ce qu'il y a de certain c'est
» que l'auteur des 50 homélies était latin et moine de Lérins.
» Car dans l'homélie 5ᵐᵉ adressée aux moines, l'auteur dé-
» clare qu'il a été abbé d'un monastère bâti dans une île.
» Dans l'homélie de Saint Maxime, il nomme cette île Lérins.
» Dans celle de Sainte Blandine, il dit que d'abbé de Lérins
» il a été fait évêque. Dans celle du Jeudi Saint, il dispute
» contre les Pélagiens. D'où il est manifeste que cet auteur
» n'est pas Eusèbe d'Emèse qui vécut sous l'empire de Cons-
» tantin. Il y en a qui attribuent ces homélies à Eucher, évê-
» que de Lyon, d'autres à Césaire d'Arles. Pour moi, j'en ai
» vu une marquée du nom de Fauste évêque de Riez,
» et il est probable qu'elles appartiennent toutes à ce
» même Fauste qui fut abbé du monastère de Lérins, et de-

» vint évêque, comme il conste par Gennade dans ses; *Hom-*
» *mes illustres.* »

Ce sentiment est partagé par les Pères Stilting, Martenne,
Rivet, Ceillier, Cave, etc., avec cette modification pourtant
que quelques-unes des 50 homélies sont incontestablement
de Saint Maxime de Riez.

§ 15. — CONCLUSION.

La vie de Saint Fauste que nous venons de rappeler en
nous appuyant sur les monuments de la vénérable antiquité,
est pleine d'instructions pour tous les chrétiens. Elle nous
doit inspirer d'abord une vénération profonde pour ce grand
serviteur de Dieu; ranimer notre confiance en ses mérites et
nous porter à l'imitation de ses vertus. Une humilité profonde,
le mépris des choses créées et l'amour des choses célestes,
le zèle pour l'accroissement du règne de J.-C. dans les cœurs
et pour le salut de nos frères, la patience et la résignation dans
toutes les peines de la vie, le bon emploi de toutes les facul-
tés que Dieu a départies à l'homme, l'étude des divines écritures : voilà le fondement sur lequel portait la vertu du digne
successeur de Maxime. Quelque soit notre état, souvenons-
nous toujours que nous sommes les enfants des saints, et que
nous sommes appelés à mettre à profit les trésors de piété,
de bons exemples qu'ils nous ont laissés, et, que toujours,
comme le disait Fauste à nos pères, en leur expliquant le
symbole, nous gravions dans le fond de nos cœurs ces pré-
cieuses instructions, afin qu'en tout temps et en tout lieu, la
foi accroisse, l'espérance augmente, la mémoire retienne,
et la vie conserve cet éternel trésor de notre espérance.
*Satis agite, charissimi, ut hos tàm pretiosos sermones imis
animœ visceribus imprimatis, ut hunc spei nostrœ œternum the-
saurum, in omni loco, in omni tempore, fides crescat, spes au-
geat, memoria retineat, vita custodiat.* (Hom. 2. de symb.
inter hom. Eus. emis.)

VIE
DE SAINTE THÈCLE,

VIERGE ET PREMIÈRE MARTYRE, PATRONNE DE L'ÉGLISE DE RIEZ (1).

*Gloria hæc est Sanctæ Virgini Theclæ, quod
prima ex feminis, in martyrii certamen descenderis.*

Une gloire spéciale à la Sainte Vierge Thècle est
d'avoir, la première d'entre les personnes de son
sexe, remporté la palme du martyre
(O.ß. de la Sainte,)

§ 1er. — COMMENCEMENT DE LA SAINTE. — SA CONVERSION AU CHRISTIANISME.

Sainte Thècle, dont le nom a toujours été fort célèbre dans l'Église, et qui est appelée la première martyre de son sexe par Saint Isidore de Péluse, Saint Basile de Séleucie, ainsi que par tous les Grecs, fut un des plus beaux ornements du siècle des Apôtres. Elle naquit à Icone dans la province de Lycaonie, d'une famille illustre qui possédait de grands biens et qui lui donna une éducation digne de sa naissance. Saint Méthode dit, dans son *Banquet des Vierges*, qu'elle était fort versée dans la philosophie profane, qu'elle possédait toutes les parties des belles-lettres, et qu'elle s'exprimait avec autant de force et d'éloquence, que de douceur et de facilité. A ces avantages il faut ajouter, qu'elle était douée d'une

(1) Tirée des écrits des plus anciens pères de l'Église. C'est dans ces mêmes écrits que le savant Tillemont a recueilli les principales circonstances de la vie de cette sainte. Les actes authentiques de cette vie n'existent plus ; ceux admis par Baronius et Grabe sont regardés comme supposés. Nous apprenons de Tertullien et de Saint Jérome qu'un prêtre d'Ephèse, nommé Jean, fut déposé pour avoir fabriqué de prétendus actes de Saint Paul et de Sainte Thècle. Le pape Gélase condamna un livre qui portait ce titre. Saint Basile de Séleucie a composé une vie de notre sainte, nous l'avons entre les mains, mais on ne peut lui accorder toutefois une confiance entière. — Voir Godescard, 22 septembre. — On peut consulter aussi Stilting, *Acta sanctorum*, t. VI de septembre. — Fabricius, *Bibl. græc.* t. IX, p. 146.

beauté extrêmement remarquable, et d'une aménité de ca-
ractère qui lui conciliait tous les cœurs.

Parvenue à peine à l'âge de puberté, Thècle se vit entourée
par une foule de jeunes gens appartenant à des familles
illustres, qui tous aspiraient à l'honneur de l'avoir pour
épouse. Sa mère avait discerné entre ces prétendants, le
jeune Thamiris qui surpassait les autres en richesses, en
réputation et en mérite. Thècle, suivant l'impulsion de sa
famille, témoigna de son côté à ce jeune homme plus d'inclination et de confidence : de sorte que leur union fut ré-
solue pour une époque déterminée, et cela au grand con-
tentement des deux familles.

Sur ces entrefaites, l'apôtre Saint Paul qui s'était dévoué
à la conversion des gentils, vint à Icone, pour annoncer à ses
habitants la bonne nouvelle de l'Évangile et les éclairer des
lumières de la foi. Les prédications de l'Apôtre firent beaucoup de bruit dans cette ville. L'étrangeté de la doctrine qu'il
annonçait, l'éloquence de sa parole et les miracles dont il
accompagnait ses prédications, ne pouvaient qu'attirer une
foule nombreuse autour de sa chaire. Thècle voulut aussi
l'entendre; son esprit cultivé trouva dans les discours de Saint
Paul un aliment nouveau et salutaire. Un attrait invincible et
tel qu'elle n'en avait jamais éprouvé de semblable, la portait
à étudier cette doctrine, à en pénétrer les profondeurs et à
la comparer à celle des philosophes payens. La grâce agis-
sant sur son esprit et sur son cœur, elle reconnut aisément
toute l'excellence de la première. Elle demanda donc à être
initiée aux mystères de la croyance chrétienne. L'Apôtre se
rendit avec empressement à ses pieux désirs : il s'attacha
surtout à lui démontrer tout ce que la religion payenne renferme d'absurdités, d'incohérences et de ridicules ; à faire
ressortir la force des preuves à l'appui de la religion du
Christ, l'excellence de sa morale, la sublimité de ses conseils
et de ses préceptes; à exalter enfin les notions sûres et con-
solantes qu'elle nous donne sur Dieu et sur nous-mêmes. Con-
vaincue enfin et pleinement instruite des vérités évangéliques.
Thècle abjura le culte de ses pères et reçut le baptême des

mains de l'Apôtre. Saint Augustin, Saint Epiphane, Saint Ambroise, etc., que nous suivons ici, reportent cette conversion vers l'an 45 de Jésus-Christ.

§ 2. — THÈCLE RENONCE A L'ALLIANCE DE THAMIRIS. — ELLE VOUE AU SEIGNEUR SA VIRGINITÉ.

La grâce du baptême revêtit Thècle de force et de courage: avec une nouvelle vie, elle puisa dans ce sacrement de nouvelles lumières qui l'attiraient de plus en plus vers le Seigneur. Les discours de l'apôtre lui avaient fait comprendre toute l'excellence de la virginité, et elle résolut de donner la préférence à cet état. On put bientôt remarquer dans toute sa conduite et jusque dans son extérieur un changement complet: elle dédaignait les vains ajustements de la parure; elle recherchait la solitude afin de prier et de réfléchir; elle évitait la présence de son fiancé; elle était tout entière à l'accomplissement des bonnes œuvres. Vierge enfin par le désir et par le cœur, elle voulut l'être à tout jamais et entièrement, en vouant sa virginité au Seigneur. « Elle commença son » sacrifice, dit Saint Grégoire de Nysse (hom. 14 in cant.), » en donnant la mort à la chair, en pratiquant de grandes » austérités, en étouffant dans son cœur toutes les affections » terrestres, en soumettant ses passions par une vie contraire aux sens; en sorte qu'elle ne paraissait plus conduite » que par la raison et l'esprit. Le monde était mort pour » elle, comme elle était morte pour le monde. »

Ses parents, qui ne connaissaient point encore le motif d'une conduite aussi étrange aux yeux des payens, s'en allarmèrent. Ils crurent que pour y mettre un terme, il suffirait de rappeler à leur fille ses anciennes promesses et de hâter la conclusion de son mariage. Saint Chrysostôme rapporte qu'ils employèrent tour à tour les prières, les larmes, les menaces, les caresses et tous les moyens possibles pour la déterminer à consentir à cette alliance. Tharimis lui même se joignit à eux, et fit aussi valoir les raisons les plus capables de la toucher. Tous ceux enfin qui la connaissaient la pressèrent de la manière la plus persuasive, de se rendre aux désirs de sa famille. Tous ces moyens furent inutiles. Thècle s'était donnée à Dieu; elle l'avait choisi pour son époux, elle ne voulait plus appartenir qu'à lui seul (1). Qu'on se figure, s'il est possible, tout ce que la jeune vierge dut refouler dans son cœur de peines, de douleurs, d'inquiétude, en voyant ses parents se livrer à la désolation la plus amère à l'occasion de son généreux refus; en les entendant maudire et la doctrine nouvelle et son éloquent prédicateur; en se voyant elle-même en butte à tant d'obsessions, à tant de reproches sanglants, à tant de mauvais traitements enfin. Le monde peut accuser d'impassibilité, d'ingratitude, d'égoïsme, tous ceux qui, comme Thècle, renoncent au siècle pour se consacrer à Jésus-Christ : Dieu seul peut connaître la grandeur du sacrifice, toute la violence de ce martyre intérieur, comme seul aussi il peut et l'inspirer et le récompenser à sa juste valeur.

Irrités de tant de fermeté, les parents de notre sainte tentèrent un dernier moyen. Ils eurent recours au magistrat pour la forcer de se rendre à leurs désirs. Celui-ci retraça en termes pressants les devoirs que la nature impose, la nécessité de se soumettre aux ordres de sa famille, l'obligation de soutenir le rang qu'elle occupait dans la société, l'avantage d'une alliance aussi illustre. Puis, espérant vaincre par la crainte et subjuguer par la terreur une jeune fille,

---

(1) Parentes verò cùm filiæ inita cum virginitate pacta non nossent, neque fœderis nuptiarum cum illâ jungendi causâ Christum dominum de cœlo dextram dedisse, multis eam verbosisque commotionibus ad conjugium incitabant : at enim jam aures puellæ Pauli carmine personabant : quæ non est nupta cogitat quæ Domini sunt, ut sit sancta corpore et spiritu. O beatas nuptias quorum thorus est virginitas! Harum causâ beatæ Martyri tot discrimina subeunda...... instabat mater quæ ad nuptias impellebat; at illa sponsum cœlestem his vocibus compellebat : ad te levavi oculos meos, qui habitas in cœlis. Accedebat procus nuptiali eam colloquio titillans : at illa se tacitè cum Christo conjungebat dicens : adhœsit anima mea post te. Confluebant adulationibus captantes propinqui. At illius menti Paulus contestans observabatur : dedi te uni viro, virginem castam exhibere Christo. Supplicabant servi cum lacrymis : at illa sponso amatoriè concinnebat : quis nos separabit à caritate Christi Terrebant judices pœnis : at illa omnes magno animo proculcabat. — Saint Jean-Chrysostome.

âgée à peine de dix-huit ans, il lui fit une peinture lugubre
de la sévérité des lois, de la violence des supplices auxquels
elle s'exposait par son obstination. Thècle, toujours aussi
inébranlable dans sa résolution qu'un roc placé au milieu de
la mer et battu par la tempête, se reposa sur Dieu du soin
de la protéger et de la défendre. Elle regarda comme ses
plus cruels ennemis tous ceux qui affectaient de lui témoigner
tant de tendresse.

§ 3. — THÈCLE EST SOUTENUE DANS SES COMBATS PAR LES
EXHORTATIONS DE SAINT PAUL. — ELLE EST DÉNONCÉE COMME
CHRÉTIENNE.

Cependant la rumeur publique s'était emparée de cet évé-
nement. Le prédicateur de la nouvelle religion fut repré-
senté comme un perturbateur de l'ordre public et obligé de
comparaître devant le tribunal du proconsul. Cette circonstance lui fournit l'occasion d'exposer plus solennellement
encore la croyance catholique. L'assemblée admira son éloquence et son courage. Le proconsul lui-même ne fit pas
grand cas des accusations portées contre l'apôtre : toutefois
il le fit conduire en prison, se proposant de le délivrer plus
tard, mais secrètement. Thècle, instruite de ce qui se passait, conçut le projet d'aller visiter son maître dans la foi,
afin de puiser dans ses leçons toute la force et l'énergie dont
elle avait besoin au milieu des tracasseries qu'on lui suscitait.

Elle ramasse ses pierreries, ses bracelets précieux, ses
diamants de grand prix, en cède une partie à un serviteur
de sa maison et se fait conduire pendant la nuit à la prison où
était détenu Saint Paul. Le geolier se laisse séduire à son
tour, et l'introduit dans le cachot (1). Paul, étonné de tant

(1) Ces détails sont extraits de Saint Basile de Séleucie, dans la vie de
notre Sainte. Quelques-autres révoquent en doute, il est vrai, que Saint-
Paul ait été détenu en prison dans la ville d'Icone. Mais nous avons dû
préférer le récit de St. Basile comme conforme à la croyance de notre
Église. Voici en effet ce que nous lisons dans le supplément aux bréviaire
ou propre de Riez ; responsoire 3ᵉ, nocturne 1ᵉʳ de l'office de cette Sainte.
Salutis æternæ cupida, ut Paulum fidei suæ magistrum posset

6

courage dans une jeune fille, lui dépeignit en traits de feu
la nécessité et l'avantage des persécutions pour la foi. Il lui
prédit les combats qu'elle aurait à soutenir. Il la fortifia contre les divers genres d'ennemis qui tour à tour lui feraient
la guerre, en lui représentant Jésus-Christ comme témoin
de toutes ses actions et comme son protecteur invisible, mais
constant. La nuit se passa ainsi dans ces entretiens spirituels.
Thècle toute entière au bonheur de voir et d'entendre son
maître, de partager sa captivité, n'eût plus voulu être ar-
rachée de ce cachot.

Sa fuite de la maison paternelle ne pouvait longtemps
être ignorée. Les femmes attachées à son service s'étant pré-
sentées le matin dans son appartement et ne la trouvant pas,
en avertirent ses parents. Thamiris de son côté ne voyant en
ceci qu'un nouvel affront, jura d'en tirer une vengeance
éclatante. Il fit faire de tous côtés des perquisitions pour
connaître le lieu où Thècle s'était réfugiée. Il apprit à la fin
que la jeune vierge s'était dirigée du côté de la prison et
cachée ensuite chez une personne de confiance, se proposant
d'abandonner son pays, sa famille, tout ce qu'elle avait de
plus cher au monde, pour ne chercher que Jésus-Christ qui
lui tenait lieu de tout. L'ayant enfin découverte, et ne pouvant vaincre sa résistance, sa colère se changea en folie et
son amour en fureur. Il court chez le proconsul, accusant
l'apôtre de séduction, et obtient une sentence qui le condamne à la flagellation et au bannissement de la ville d'Icone.
Ce n'est pas tout, il dénonce Thècle elle-même comme une in-
fâme, une ennemie des dieux, une rebelle aux lois de la
patrie, qu'il faut punir du dernier supplice. Les parents eux-

---

*alloqui, gemmas et mundum muliebrem distraxit, pecuniâ sibi
concilians custodem carceris. O ineffabilem fœminam, ut Paulum
videret, et ab eo verba cœlestis doctrinœ audiret, aurum suum
dedit.*

C'est aussi le sentiment de Saint Chrisostôme qui dit dans son sermon sur l'aumône : « vous connaissez l'histoire de la bienheureuse Thècle.
Elle fit une sainte profusion de ses pierreries afin de voir l'apôtre, et
vous, âme avare, vous ne donneriez pas une obole afin de voir Jésus-
Christ, etc.»

mêmes de notre Sainte, abjurant dans cette circonstance tout sentiment d'amour, de pitié même, appuyent à grands cris la demande de Thamiris. Dans leur aveuglement insensé, ils croient être agréables aux dieux qu'ils adoraient, en leur dévouant leur fille comme une victime de réparation.

§ 4. THÈCLE COMPARAIT DEVANT LE PROCONSUL. — ELLE EST CONDAMNÉE AU SUPPLICE DU FEU.

Ce fut au milieu de ce concert unanime de malédictions et de fureur que Thècle fut obligée de comparaître devant le tribunal proconsulaire. Entourée de tous côtés d'ennemis acharnés, elle eût cherché vainement dans cette foule qui encombrait le prétoire, un ami, un défenseur. Mais si les hommes l'abandonnaient, elle savait du moins que le Seigneur était avec elle pour la protéger, la soutenir dans le combat. Elle pouvait donc dans ce moment terrible, s'écrier avec le prophète Nahum : *Le Seigneur est bon, il fortifie les faibles au jour de la tribulation, il connaît ses serviteurs qui mettent en lui toute leur espérance.*

Le proconsul, la voyant si jeune et si belle, fut d'abord ému de compassion. Il s'efforça dans un discours insidieux de persuader à la jeune vierge qu'elle ne devait point sacrifier sa beauté, sa jeunesse, ses talents, pour embrasser une doctrine si opposée à la religion de ses pères. Que ce prédicateur étranger n'était qu'un habile séducteur qui, sous des dehors trompeurs, cachait les plus noirs desseins. Qu'abandonnée de sa famille, reniée par ses proches, poursuivie par son fiancé, il ne lui resterait plus que la honte, le deshonneur et le désespoir. Il ajouta de plus qu'il était temps encore de donner aux dieux la juste satisfaction qu'ils exigeaient de sa conduite, de réparer ses torts envers ses parents, et de laver l'affront fait à Thamiris, en renonçant à la nouvelle religion et en donnant son consentement au mariage projeté.

Thècle ne répondit à ce langage fallacieux que pour protester de sa résolution inébranlable de persévérer dans la foi chrétienne et d'être fidèle au vœu qu'elle avait fait de

n'appartenir qu'à Dieu seul. Cette réponse attrista le proconsul : elle donna un nouvel aliment à la fureur de Thamiris et à la colère de ses parents. Le juge essaya vainement
de nouveau de vaincre ce qu'il appelait l'obstination de
Thècle. La Sainte n'opposa plus que le silence. Bientôt des
murmures, des clameurs s'élevèrent de tous côtés : mais
par dessus tous ces cris confus, on put distinguer la voix de
la mère de notre vierge : « Pourquoi balancez-vous, s'écriait-
elle en s'adressant au magistrat, de punir cette infractaire
de nos lois, cette ennemie du mariage? qu'elle périsse cette
infame qui, méprisant la gloire du lit nuptial et la possession d'un époux illustre, se rend l'esclave d'un vagabond ;
qui, couvrant de confusion sa patrie, sa famille, et me plon-
geant dans le désespoir, abjure toute tendresse, tout respect
pour les auteurs de ses jours. » Ces paroles inhumaines que
la rage pouvait seule inspirer à une mère, furent vivement
appuyées par Thamiris qui demanda à son tour le suplice du
feu. Le proconsul se rendant enfin à leurs instances, ne vit
plus dans Thècle qu'une ennemie des dieux et de l'empire, et
pronça une sentence qui la condamnait à périr par le feu.

§ 5. — THÈCLE EST MIRACULEUSEMENT PRÉSERVÉE DES FLAMMES.

Le bûcher fut bientôt dressé. La rage des persécuteurs ne
souffrait aucun retard, on avait hâte de se repaître de la
vue de ce cruel supplice. Déjà la flamme s'élevait dans les
airs, lorsque, sans attendre qu'on l'y précipite, Thècle,
se munissant du signe de la croix, s'élance courageusement
sur le bûcher. Nous lisons dans la vie de Sainte Fébronie que
notre Seigneur apparut alors à Thècle sous la figure de Saint
Paul, l'exhortant ainsi à persévérer courageusement dans sa
foi et à ne point redouter l'ardeur des flammes. Bientôt en
effet par un prodige admirable, on put reconnaître la
protection visible du ciel. Les flammes semblèrent perdre
leur activité naturelle et ne point oser atteindre le corps de
la sainte martyre. L'entourant au dehors de tous côtés,
comme pour la protéger contre les regards impudiques des
spectateurs; formant au-dedans une espèce de voûte, comme

pour l'abriter contre leur atteinte, ces mêmes flammes rendaient hommage à sa vertu et à sa chasteté et conservaient une vie qu'elles auraient dû détruire si promptement. On vit ainsi se renouveler le miracle des trois enfants dans la fournaise de Babylone.

Bientôt après, un second prodige se joignit au premier. Le ciel se couvre subitement de nuages, la pluie tombe par torrents; les roulements continuels du tonnerre inspirent la terreur à tous les spectateurs, la grêle enfin qui accompagne ce fracas, force les plus obstinés d'entre eux à s'éloigner en toute hâte de ce lieu. Thècle reconnaissant à tous ces signes la protection visible du ciel, quitte son bûcher et s'éloigne de sa ville natale sans que nul songe à s'opposer à sa fuite. Chacun d'ailleurs croyait sans peine que consumé par la violence du feu, son corps était déjà réduit en cendres. Mais elle, se voyant intacte et pleine de vie, bénissait le Seigneur et exaltait son saint nom. Avec l'Ecclésiastique elle s'écriait dans sa reconnaissance : je vous rendrai grâces, Seigneur » roi; je vous louerai, vous qui êtes Dieu, mon sauveur. Je » rendrai gloire à votre nom, parce que c'est vous qui » m'avez assistée et qui m'avez protégée. Vous avez délivré » mon corps de la perdition, des pièges de la langue injuste » et des lèvres des ouvriers du mensonge; et vous avez été » mon défenseur contre ceux qui m'accusaient. Vous m'avez » délivrée de la violence des flammes dont j'étais environnée; » et je n'ai point été consumée au milieu du feu. Mon âme » louera le Seigneur jusqu'à la mort. » (*Eccles.* ch. 51.)

Le prodige de la délivrance miraculeuse de Thècle nous est confirmé par Saint Grégoire de Nazianze, par Saint Méthode, par Saint Basile de Séleucie, par Saint Ambroise et par beaucoup d'autres pères de l'Église et par tous les écrivains ecclésiastiques. « Seigneur, disait Saint Cyprien de » Carthage et après lui Saint Térence, au milieu de son sup-» plice : Seigneur, qui avez délivré Daniel de la gueule des » lions, Moïse de la main de Pharaon, et avez conservé » Thècle au milieu des flammes, prenez pitié de moi. » Saint Maxime de Turin, dans le panégyrique de Sainte Agnès,

assure comme une chose connue de tout le monde que
Thècle ne reçut aucune atteinte des flammes dévorantes où
on l'avait précipitée. Ce concert unanime de la vénérable
antiquité imprime donc à notre récit le sceau de la vérité.

§ 6. — THÈCLE REJOINT L'APÔTRE SAINT PAUL ET L'ACCOMPAGNE DANS SES COURSES APOSTOLIQUES.

Ainsi échappée miraculeusement à une mort certaine,
Thècle, à qui le Seigneur seul devait désormais tenir lieu de
famille et d'héritage, courut à la recherche du grand apôtre.
Celui-ci de son côté présageant le sort que ses ennemis ré-
servaient à sa fille spirituelle, ne s'était pas éloigné de la
ville d'Icone. Quelques chrétiens fervents, aussi engendrés
par lui à la foi, lui avaient ménagé une retraite sûre dans un
lieu solitaire. Thècle fut instruite par eux du lieu de sa retraite et put revoir celui dont les divines exhortations avaient
su lui inspirer tant d'énergie et tant de grandeur d'âme. Leur
entrevue fut, on ne peut plus, touchante : le maître retrou-
vait son disciple ceint de l'auréole du martyre; le disciple
revoyait son maître portant les stygmates de la persécution.
L'un glorifiait le Seigneur de l'avoir jugé digne d'enfanter
cette fille à la foi; l'autre bénissait Dieu de lui avoir ménagé
un si illustre précepteur dans les ténèbres de son ignorance.
Tous les deux enfin s'estimaient heureux et se montraient
pleins de joie d'avoir souffert pour le nom et la gloire de Jésus-Christ, leur divin maître.

Après qu'ils eurent mutuellement épanché leur cœur devant le Seigneur, Thècle demanda avec instance qu'il lui fût
permis d'accompagner le saint apôtre dans ses courses apostoliques, afin de se former à la perfection sous un modèle
aussi accompli. Animée du même esprit que son maître, elle
eut voulu, dans l'ardeur de son zèle, partager ses travaux et
ses souffrances, gagner des âmes à Jésus-Christ et propager
en tous lieux la gloire de son saint nom. L'apôtre répondit à
cette demande par une peinture de toutes les fatigues de son
apostolat et de sa vie qui n'était qu'un combat et qu'une
pérégrination continuelle. Il lui rappela que, dévoué à la

conversion de l'univers entier, il avait à parcourir les pays les plus éloignés, les nations les plus divisées de mœurs et de langage. Toutefois ne voulant pas contrister cette fidèle servante de son Dieu, et désirant affermir mieux encore par des instructions plus fréquentes les sentiments de piété et de sacrifice que la grâce avait fait naître dans son cœur, Saint Paul consentit à ce que Thècle l'accompagnât dans quelques-unes de ses courses jusqu'à ce qu'elle pût se fixer au milieu de quelque chrétienté naissante, où elle serait tout à la fois à l'abri de la persécution de sa famille et comme un apôtre parmi les néophytes. Thècle accueillit avec respect et reconnaissance la décision du saint apôtre. Elle s'efforça autant qu'il fut en elle, de mettre à profit les précieux instants qui lui restaient à passer près de ce grand docteur; et l'on conçoit aisément combien de fruits devait produire la parole sainte dans un cœur aussi bien disposé à la recevoir.

Après avoir suivi ainsi, pendant quelque temps, le grand apôtre, notre Sainte arriva à Antioche, capitale de la Syrie (1). C'est en cette ville qu'elle dut se fixer, et c'est dans cette ville que Dieu l'appelait à de nouveaux combats et à de nouveaux triomphes.

§ 7. — LA SAINTE EST CONDAMNÉE A ÊTRE DÉVORÉE PAR DES ANIMAUX FÉROCES. — DIEU LA DÉLIVRE DE CE SECOND SUPPLICE.

Peu de temps après son arrivée à Antioche, elle se vit en butte à de nouvelles persécutions. Saint Basile de Séleucie en attribue la cause au courage et à la fermeté dont elle fit preuve en résistant au gouverneur même de cette ville. Ce jeune seigneur l'ayant rencontrée un jour sur son passage, fut frappé de l'éclat extraordinaire de sa beauté. N'écoutant plus que la voix de la passion qui bouleversait son cœur, il crut pouvoir triompher aisément de sa vertu. Mais notre sainte, soutenue par cette force divine dont Dieu l'avait re-

(1) Saint Jérôme en particulier nous atteste cette circonstance : il dit en effet qu'après avoir été condamnée au feu dans la ville d'Icone, elle suivit l'apôtre jusqu'à Antioche.

vêtue, rejeta avec mépris toutes les propositions de cet homme puissant. Elle lui déclara qu'elle était chrétienne, qu'elle avait voué sa virginité au Dieu des chrétiens, et que c'était afin d'être fidèle à ce vœu sacré qu'elle avait abandonné sa famille, ses proches et son pays. Le gouverneur recourant alors à la violence, Thècle lui déchira le vêtement superbe qui le couvrait et fit tomber la riche couronne qu'il portait sur la tête, *comme si elle eût voulu ériger un trophée à la chasteté victorieuse*. « C'est pour récompenser une action si glorieuse, ajoute l'historien cité, que Dieu a permis qu'on ait élevé, en ce lieu, une église qui subsiste encore et dans laquelle chacun admire la peinture qui représente ce combat.»

Le gouverneur, plein de dépit et de fureur, se retira alors dans son palais, méditant une vengeance éclatante contre la jeune vierge. Convaincu qu'aucune puissance humaine ne pourrait l'ébranler dans ses résolutions; voulant de plus mettre à couvert sa propre dignité aux yeux des habitants, il la dénonça comme chrétienne et comme ennemie des dieux. On se saisit donc de sa personne et on la jeta dans un cachot en attendant le jour du jugement. Ce jour ne se fit point attendre : dès le lendemain en effet elle comparut devant le magistrat, et confessa de nouveau généreusement la foi chrétienne. Le juge, pour qui la volonté du gouverneur tenait lieu de preuve et de crime, prononça une sentence qui condamnait Thècle à être exposée dans l'amphithéâtre aux bêtes féroces.

Cette injuste sentence ne put ébranler le courage de notre Sainte; pleine de confiance en celui qui l'avait préservée de l'ardeur des flammes; se ressouvenant d'ailleurs des prédictions de l'apôtre, elle renouvela le sacrifice qu'elle avait déjà fait à Dieu, et marcha d'un pas assuré vers le lieu de son supplice. Une foule compacte assiégeait déjà les abords de ce triste lieu, avide qu'elle était de se repaître de la vue de ce spectacle horrible. Thècle fut introduite et exposée nue dans l'amphithéâtre; mais elle était revêtue d'innocence, et l'ignominie dont on voulait la couvrir devint pour elle une occasion de gloire et de triomphe. Tranquille au milieu des léopards, des lions et des tigres, elle attendait avec une sainte impatience, le moment où elle allait être mise en pièces par ces redoutables animaux, dont les rugissements glaçaient d'effroi tous les spectateurs. Mais, ô prodige extraordinaire! les lions et les autres animaux oubliant leur férocité naturelle, se couchèrent à ses pieds, et les léchèrent comme pour lui témoigner leur respect. On eut beau les exciter, ils se retirèrent sans avoir fait du mal à la servante de Jésus-Christ.

Tel autrefois, dans la ville de Babylone, un roi puissant mais trop jaloux de sa propre gloire, avait condamné Daniel à être la proie des lions rugissants. Mais le Seigneur envoya son ange et ferma la gueule des lions. Ces animaux ne lui firent aucun mal, parce qu'il n'y avait en lui aucune iniquité, ni aucune injustice. Daniel était condamné à périr, parcequ'il n'avait voulu adorer que le seul et vrai Dieu, seigneur du Ciel et de la terre. Thècle devait servir de pâture aux plus cruels des animaux parcequ'elle n'avait voulu reconnaître d'autre époux, d'autre maître de son cœur que le dieu des chrétiens, sauveur du ciel et de la terre. Ils devaient l'un et l'autre périr du supplice le plus affreux, ainsi l'avait décidé la malice des hommes; et le Seigneur qui se rit de cette malice et trouve sa gloire à la confondre, fait éclater la puissance de son bras; il appaise la faim dévorante des animaux, il calme leur fureur naturelle, il les transforme en agneaux timides et caressants, il conserve sains et saufs ses serviteurs, et montre par tous ces prodiges son suprême et souverain domaine sur toutes les créatures. *Deus meus misit angelum suum et conclusit ora leonum, et non nocuerunt mihi quia coràm eo injustitia inventa non est in me.* (Daniel).

§ 8 — TÉMOIGNAGES EN FAVEUR DE CE MIRACLE.

Cette circonstance merveilleuse du supplice de Sainte Thècle, nous est confirmée par Saint Ambroise, par Saint Chrisostôme, par Saint Méthode, par Saint Grégoire de Nazianze, Saint Basile et par plusieurs autres anciens pères de l'Église.

Voici comment s'exprime le premier de ces pères; on y

retrouve cette éloquence simple et énergique qui est particulière au saint évêque de Milan. « Que le sacrifice de Sainte
» Thècle soit le modèle de vos sacrifices. Cette généreuse
» martyre méprisant la douceur du lit nuptial et s'exposant
» à la rage de son fiancé qui la fit condamner à mort, fléchit
» la cruauté naturelle des bêtes féroces et les obligea de
» respecter sa virginité. En effet, exposée dans l'amphi-
» théâtre pour y être dévorée, tandis qu'elle redoutait l'as-
» pect des hommes et s'offrait toute nue à la cruauté du lion,
» elle força les regards impudiques des spectateurs à véné-
» rer sa pureté. Quel spectacle touchant ! le lion baisant les
» pieds de la Sainte, se prosternant à terre devant elle, et
» témoignant par son silence qu'il n'ose toucher au corps
» sacré d'une vierge! cette bête féroce adorait donc sa proie,
» et oubliant son instinct naturel, elle s'était revêtue des
» sentiments que les hommes avaient banni de leurs cœurs.
» C'était comme une métamorphose admirable ; les hommes
» devenus féroces excitaient l'animal à la cruauté ; l'animal,
» baisant les pieds de la vierge, excitait les hommes à la
» mansuétude. La nourriture offerte ne tenta point la faim
» dévorante des bêtes féroces; leur furie naturelle ne s'é-
» veilla point, les aiguillons des bourreaux ne les exaspérè-
» rent point ; leur humeur portée au sang et au carnage
» s'assoupit et se calma ; elles témoignèrent donc de leur
» vénération en se prosternant aux pieds de la martyre;
» elles témoignèrent aussi de leur chasteté, en bornant leurs
» caresses au simple et innocent baiser des pieds de la
» vierge, et en tenant leurs yeux modestes fixés vers la terre,
» comme si elles eussent cru commettre un sacrilége si leurs
» regards se fussent arrêtés sur son corps pudique. » (*Lib.
de Virg.* 2. c. 3. n. 19 et 20.)

Dans sa lettre à Simplicien, le même père, après avoir
parlé des maximes des écrivains du paganisme, s'exprime
encore ainsi : « Ce sont là de belles maximes, mais ce ne
» sont que des paroles... Parmi nous au contraire les actions
» l'ont emporté sur les maximes. Le mépris de la mort a
» triomphé dans de simples filles et a élevé leur courage

» jusqu'au ciel. Que dirai-je de Thècle qui s'est présentée au
» supplice avec autant de joie qu'un autre l'aurait fait à l'Im-
» mortalité même? Cette vierge fut intrépide au milieu des
» lions et conserva la joie dans un lieu si effroyable. » Enfin
dans sa lettre 82 à l'église de Verceil, après avoir loué la
Très-Sainte Vierge Marie : « Ce fut, dit-il, par une grâce
» semblable que Thècle, cette martyre vénérable, dompta
» la fureur des lions; que les bêtes affamées s'abstinrent de
» toucher à une proie dont elles sont naturellement si avides,
» et aimèrent mieux souffrir la rigueur de la faim que de se
» repaître d'une chair si pure. »

On connaît les beaux vers que Saint Grégoire de Nazianze
a composés en l'honneur de notre Sainte. Les voici traduits
en latin et en français.

Quis Theclam necis eripuit, flammæque periclo?
Quis validos ungues vinxit, rabiemque ferarum ?
Virginitas. O res omni mirabilis ævo!
Virginitas fulvos potuit sopire leones :
Dente nec impuro generosos virginis artus
Ausi sunt premere, et rigido discerpere morsu.

—

Qui ravit à la mort cette illustre martyre,
Thècle, dont l'univers admira les combats ?
Qui triompha du monde et mit l'enfer à bas ?
De la virginité ne fut-ce pas l'empire ?

Ne lui fit-elle pas par un art merveilleux,
Malgré la flamme dévorante,
Conservant sa première amante,
D'un funeste bûcher un lit délicieux.

Le lion rugissant, des beaux corps affamé,
Par ce sein virginal se trouva désarmé.
Sa gueule sanguinaire au carnage nourrie
Respecta la pudeur et retint sa furie.
La rage des bourreaux, la rigueur des tourments,
La cruauté des ours, le venin des serpents,

Ne purent ébranler cette âme magnanime.
Son sang chaste et sacré dédaigna de couler
Sous le glaive inhumain qui voulait l'immoler :
Et la virginité seule en fit sa victime.

§ 9. — THÈCLE EST CONDAMNÉE A DE NOUVEAUX SUPPLICES.

A la vue d'un prodige aussi extraordinaire, un morne silence s'empara du cœur de tous les spectateurs. Les uns, reconnaissant à ce signe la protection visible du ciel et l'innocence de Thècle, désiraient que la vie et la liberté fussent rendues à la Sainte. Les autres, plus endurcis par ce miracle même, souhaitaient qu'un autre genre de supplice lui fût préparé. Mille cris confus s'élevèrent enfin à la fois et vinrent dissiper la torpeur dans laquelle était plongé le gouverneur lui-même. Le sentiment de la vengeance se réveilla plus violent que jamais : il ordonna donc de reconduire Thècle dans sa prison.

Le lendemain, tout le peuple étant de nouveau assemblé, la sainte martyre fut amenée dans l'amphithéâtre. Comme elle persévérait toujours dans la confession de la foi, le magistrat ordonna qu'elle fut attachée à des taureaux indomptés pour être mise en pièces. Au même instant les bourreaux enlacent son corps délicat de liens épais et solides. Les taureaux sont attelés à ces mêmes liens en sens inverse : puis on les excite, on les aiguillonne, on les anime. Vains efforts! les liens se rompent, les bourreaux sont blessés, et Thècle est pleine de vie.

Ce nouveau prodige semble attiser encore plus violemment la haine des persécuteurs. On précipite alors la sainte dans une fosse profonde, remplie de serpents et d'autres reptiles vénimeux dont la morsure était toujours mortelle pour les malheureux condamnés à ce genre de supplice. Thècle, au milieu de ces ennemis dangereux, élève son cœur à Dieu et le conjure d'accepter le sacrifice de sa vie. Elle attend la mort avec une sainte impatience dans l'espoir d'être bientôt réunie et pour toujours au divin époux de son âme. Le Dieu qui l'avait protégée contre la violence des flammes, qui l'avait délivrée des dents des lions, qui l'avait aussi soutenue contre l'impétuosité des taureaux, devait encore la défendre contre la morsure des serpents. Ces animaux vénimeux s'éloignent à son aspect, n'osant souiller de leur bave immonde ce corps sacré, temple vivant de la divinité et doublement consacré au Seigneur par la virginité et le martyre. Un engourdissement profond s'empare de tous leurs membres, et la Sainte peut se mouvoir dans cette horrible prison sans provoquer leurs attaques.

Sans rapporter encore ici les témoignages des divers pères de l'Église qui nous ont transmis le souvenir de ces prodiges, écoutons seulement Saint Zénon, évêque de Vérone et martyr, dans son livre de la *Crainte, de timore.* « Un accusateur » acharné s'élève contre Thècle. Les lois du pays et leurs » ministres inhumains soutiennent les paroles de l'accusa- » teur. La férocité des animaux cruels est aiguillonée de » toutes les manières, et elle se trouve néanmoins plus facile » à dompter que la férocité des hommes. Mais pour que rien » ne parut manquer à ce spectacle si inhumain, on y ajoute » encore les monstres marins. La jeune vierge est dépouillée » de tous ses vêtements, elle est entourée de flammes : au » milieu de tant d'instruments de mort, et de l'angoisse des » spectateurs, elle survit et foule aux pieds tous les genres » de terreurs. Saine et sauve, et comme si elle eût soumis » l'univers entier, elle sort des profondeurs de cette fosse » lugubre, non point comme une personne digne de pitié, » mais comme une héroïne digne d'admiration, portant les » trophées du monde vaincu, tandis que chacun s'attendait » à la voir périr et succomber à tant de supplices. »

§ 10. — THÈCLE EST REMISE EN LIBERTÉ. — ELLE CONVERTIT BEAUCOUP DE PAYENS.

Tant de prodiges opérés par le Seigneur en faveur de sa fidèle servante, devaient à la fin triompher de la rage de ses persécuteurs. Le peuple demande à grands cris sa délivrance et sa liberté. Le gouverneur lui-même s'avoue vaincu par le courage et la fermeté d'âme de cette illustre vierge; il réclame auprès du magistrat une sentence d'acquittement. Celui-ci s'adressant alors au peuple qui l'entourait, lui parla en ces termes : « Habitants d'Antioche, vous êtes tous les témoins oculaires des grands prodiges qui viennent de s'opérer en faveur de cette étrangère. Vous l'avez vue exposée à des supplices dont le seul aspect vous faisait horreur, et néanmoins elle en est toujours échappée contre toute espérance humaine, de sorte qu'il nous faut avouer que quelque divinité secrète la protége visiblement. Vous l'avez considérée, non sans un étonnement profond, élevant ses mains vers le ciel pour en obtenir du secours contre les bêtes farouches qui l'environnaient de toutes parts, et elle en a ressenti de si puissants effets que les unes se sont éloignées par crainte, les autres s'en sont approchées avec respect, d'autres enfin l'ont défendue avec courage. Vos cris d'admiration se sont élevés jusqu'aux cieux pour solliciter la délivrance de cette fille, le modèle et la gloire de son sexe. Soyez donc délivrée, illustre vierge, et rendez-nous propice et favorable ce Dieu inconnu que vous adorez. » (Saint Basile de Sél. *Vie de Sainte Thècle.*)

Des acclamations de joie accompagnèrent ces sages paroles. Thècle fut conduite comme en triomphe dans la maison d'une dame puissante de la ville qui lui avait voué une affection particulière, et à qui la Sainte avait obtenu du ciel diverses faveurs. Se voyant entourée d'une foule nombreuse qui exaltait le Dieu des chrétiens, Thècle, remplie de l'esprit apostolique, exposa alors à ce peuple la doctrine évangélique. Elle parla avec tant de feu et d'onction des vérités du salut, de l'excellence et de la sublimité de notre sainte religion, qu'un grand nombre furent touchés et demandèrent à devenir chrétiens. Qu'elle bouche plus éloquente pouvait en effet mieux convaincre les payens, que celle d'une vierge portant encore la triple auréole du martyre? Quel autre moyen de mieux exprimer sa reconnaissance envers le Seigneur, que de le faire connaître, aimer et servir par ceux qui prostituaient le culte divin aux fausses divinités du paganisme?

§ 11. — THÈCLE REVIENT A ICONE. — SA VIE SOLITAIRE. —
SA MORT.

Après tant de combats si glorieusement soutenus, Thècle
se résolut à finir ses jours dans la retraite et dans la solitude.
Par une disposition particulière de la divine providence, elle
devait servir tout à la fois d'exemple et de modèle, et aux chrétiens qui vivent et combattent au milieu du monde, et à ceux
qui, séparés du monde, aspirent à la perfection évangélique.
Elle quitta donc la ville d'Antioche, où ses tourments et ses
prédications avaient gagné beaucoup d'âmes à Jésus-Christ,
pour s'enfoncer dans la solitude. Toutefois avant de dire un
adieu éternel au monde, elle voulut visiter une dernière fois
le pays qui lui avait donné le jour.

Trop de liens l'attachaient à cette ville et l'y attiraient. C'est
là, qu'éclairée des lumières de la foi, elle avait appris de la
bouche du grand apôtre, ces vérités sublimes que tous les
livres des philosophes n'avaient pu lui révéler. C'est là,
comme le dit Saint Grégoire de Nysse (*Hom. 14 in cant.*),
« Que le divin Paul avait fait découler de sa bouche dans les
» oreilles et le cœur de cette jeune vierge une myrrhe salutaire
» mêlée avec la pureté du lys. Ce breuvage bienfaisant péné-
» trant jusque dans son âme, éteignit en elle le vieil homme
» et en bannit à jamais toute pensée, tout désir charnel.
» Aussi après avoir reçu cette bonne doctrine, elle avait fait
» un sacrifice généreux de sa jeunesse, de sa rare beauté,
» de l'usage de tous ses sens corporels, la parole de Dieu
» vivant seule en elle, cette parole par laquelle tout le monde
» était mort pour elle, et la vierge elle-même était morte au
» monde. » C'est là qu'elle avait foulé aux pieds les joies, les
plaisirs, les richesses du siècle, les échangeant contre les
flammes du bûcher. La vue de ces lieux ne pouvait donc
qu'augmenter et fortifier dans son cœur ses résolutions de
n'appartenir qu'à Dieu seul.

Un autre motif puissant l'appelait à Icone. Une chrétienté
naissante avait besoin d'être visitée, soutenue et consolée
dans ses combats. Sa famille elle-même n'était-elle point

aussi l'objet de sa sollicitude ? Il fallait l'arracher à ces ténèbres épaissés de l'erreur et de l'idolatrie , faire luire à ses
yeux le flambeau de la foi , et la gagner à Jésus-Christ. Son
espérance ne fut point trompée : Thècle eut la satisfaction de
voir le nombre des chrétiens s'accroître dans cette ville. Sa
mère abjurant ses erreurs , demanda le baptême , et ses
proches suivirent bientôt après son exemple. Thamiris , son
persécuteur était mort ; ses autres ennemis devenus les admirateurs de sa vertu et de son courage , n'osèrent susciter
aucune persécution. Notre Sainte put donc exercer en toute
liberté son zèle apostolique.

Après avoir ainsi pourvu au bien de sa famille et de ses
concitoyens , Thècle s'éloigna pour toujours de la ville d'Icone.
Elle se retira dans la province de l'Isaurie sur une montagne
qui avoisinait la ville de Séleucie. Là , séparée entièrement
de tout commerce avec le monde , plongée uniquement
dans la contemplation et la prière , elle continua cette vie de
mortification , de renoncement et de martyre qu'elle avait
toujours menée depuis sa conversion. Dieu seul fut le témoin de ses pénitences et de ses austérités. Il ne lui a pas
plu de nous révéler les dernières circonstances de sa vie et
de son sacrifice , mais on peut comprendre aisément combien sa mort fut précieuse aux yeux du seigneur. *Pretiosa in
conspectu Domini mors sanctorum ejus.* Bède , dans son martyrologe , Tillemont , (t. 2. p. 489), Papebroch , (t. 1.
Mai, p. 42) et après eux le bréviaire romain, nous apprennent que Thècle mourut en paix dans sa chère solitude ,
dans un âge fort avancé et qu'elle fut inhumée à Séléucie.
*Iterum in patriam rediens, in montem sola secessit, deindè
multis virtutibus et miraculis insignis , nonagenaria migravit
ad dominum , ac Seleuciæ sepulta est.*

§ 12. — CULTE RENDU A SAINTE THÈCLE. — LIEUX
OU L'ON CONSERVE SES RELIQUES.

Le culte rendu à notre sainte martyre est très-ancien et
très illustre dans l'Église. Les premiers empereurs chrétiens
bâtirent sur son tombeau une magnifique église qui portait

son nom , et qui fut visitée par sainte Marane et sainte Cyre comme nous l'apprenons de Théodoret. Il y venait des pèlerins de toutes parts , et il s'y opéra un grand nombre de miracles, suivant le même auteur. Ces pélérinages étaient si fréquents et si fameux , qu'il en est même parlé dans les actes du septième concile œcuménique. « Ce que j'assure pour très-certain , dit le saint évêque de Seléucie , c'est que personne n'y a jamais été privé du fruit de ses demandes , soit qu'il désirât la santé , soit qu'il cherchât la délivrance de ses maux. On n'a pas encore ouï dire que quelqu'un s'en soit allé se plaignant de n'avoir pas obtenu l'effet de ses prières. On voit tous les jours au contraire que tous ceux qui visitent son tombeau s'en retournent chantant les louanges de la Sainte , publiant qu'ils ont beaucoup plus obtenu qu'ils n'avaient osé espérer , et que la renommée est bien au-dessous des merveilles qui s'y opèrent. » (*Vie de Sainte Thècle* , 2. *p. C. 9.*)

La célèbre cathédrale de Milan , fondée en 1386 , celle de Terragone en Espagne , celle de Riez et la collégiale de Vernon-sur-Seine , vénèrent cette sainte comme leur patrone spéciale , et célèbrent sa fête avec octave.

Les reliques de la sainte martyre furent transportées dans la suite des temps de l'orient dans l'occident. Pendant longtemps l'église de Milan en posséda une partie. L'église de Riez était déjà , en l'an 1223 , en possession de la tête et d'un bras, car elle fit en cette même année , cession d'un os de ce bras en faveur de la collégiale de Vernon , comme il conste par des actes authentiques (1). L'évêque Fulque de Caille renferma cette tête précieuse dans une chasse d'argent. La chasse a disparu dans la tourmente révolutionnaire; mais une partie des saints ossements nous ont été conservés , et les fidèles peuvent encore aujourd'hui contempler ces restes vénérables de la plus ancienne martyre de la religion chrétienne.

(1) On les trouve reproduits d'après l'autographe, par l'historien Barlel , p. 196, 197 et suiv. de la *Nomenclature historique des écêques de Riez.*

La fête de cette illustre vierge est marquée dans tous les martyrologes, sous le 9 des calendes d'octobre, 23 de septembre. Elle a toujours été célébrée à Rlez avec octave, sous le rit de double de seconde classe.

§ 13 — HOMMAGES RENDUS A SAINTE THÈCLE PAR LES PÈRES ET LES ÉCRIVAINS ECCLÉSIASTIQUES.

Peu de saintes ont eu autant de panégyristes et autant d'admirateurs que l'illustre vierge Thècle. Sa mémoire était en si haute vénération dans les premiers siècles de l'Église, que quand on voulait donner à quelqu'un le plus haut degré de louanges, on disait que c'était une Thècle; ce mot comprenait tous les éloges possibles. C'est ainsi que Saint Jérôme appelle la célèbre Mélanie, et que Saint Grégoire de Nazianze nomme l'illustre Macrine, sœur de Saint Basile le Grand et de Saint Grégoire de Nysse. Après l'auguste mère de Dieu, Thècle est le modèle et l'exemple que les saints docteurs proposent aux vierges et aux martyres. Ils l'honorent du titre d'apôtre et d'évangéliste de son sexe, et la placent immédiatement après les apôtres de Jésus-Christ. Ils l'appellent la première fille spirituelle de Saint Paul, sa fidèle disciple et sa compagne dans ses travaux évangéliques. Ils exaltent sa foi, son amour de la pureté, son intrépidité dans les souffrances, et nous la montrent survivant aux divers genres de supplices pour mourir d'un martyre plus lent et plus douloureux encore, c'est-à-dire, consumée par l'amour qu'elle porte à son Dieu. « Il me semble aujourd'hui, s'écrie Saint Jean-Chrisostôme dans son homélie, il me semble voir la bienheureuse vierge Thècle, tenant d'une main une couronne remportée sur les passions, de l'autre une seconde couronne remportée sur les dangers, et offrant au souverain maître de toutes choses ces trophées de sa virginité et de son martyre. La virginité ne fut-elle pas pour elle un martyre anticipé plus douloureux que le martyre même ? »

Saint Isidore de Damiette, écrivant à un monastère de filles de la ville d'Alexandrie, disait : « Après l'exemple de Judith, de Suzanne et de la fille de Jephté, vous ne pouvez plus alléguer la faiblesse de votre nature. Ajoutez à ces généreuses prémices de toutes les martyres, cette généreuse héroïne qui, la première de son sexe, a érigé tant de trophées à la chasteté victorieuse, je veux dire Thècle, si célèbre et si renommée par tout le monde. Sa vie est comme une colonne inébranlable sur la terre qui sera un monument éternel de sa vertu, et qui, servant aux vierges d'un second phare pendant la nuit ténébreuse de ce siècle, leur montrera le chemin qu'elles doivent suivre, afin de ne pas faire naufrage dans la mer orageuse des affections brûlantes de la chair, mais d'arriver à ce port désiré où elle est si heureusement parvenue. »

Saint Principe, évêque de Soissons et frère puîné de Saint Remy, honoré sous la date du 25 de septembre, avait une dévotion si vive pour notre Sainte, qu'il voulut être inhumé hors des murs de la ville, dans une chapelle dédiée à cette illustre martyre.

Si l'on parcourt ensuite d'âge en âge, les écrivains postérieurs aux pères des premiers siècles de l'Église, partout on retrouve les louanges et les éloges les plus pompeux donnés à cette même Sainte. Le savant Baronius, dans ses annales et ses annotations sur le martyrologe, et après lui Sponde et autres, ont exalté dignement la sainteté de Thècle. Qu'il nous suffise d'indiquer ce concert unanime d'éloges dans tous les temps et dans tous les siècles. L'Église même, cette colonne et ce fondement de toute vérité, comme l'a dit l'Apôtre, semble avoir voulu résumer tous ces éloges, lorsque, dans la prière pour les agonisants, elle met ces paroles dans la bouche de ses ministres : « Délivrez, Seigneur, l'âme de votre serviteur, comme vous avez délivré Pierre et Paul de leurs prisons, et de même que vous avez sauvé la très-heureuse vierge et martyre Thècle des trois supplices les plus horribles, sauvez de même l'âme de votre serviteur. »

§ 14. — BRIÈVES REMARQUES SUR LA VIE DE SAINTE THÈCLE.

Quoique nous n'ayons rien avancé dans la vie que l'on vient de lire, qui ne soit appuyé sur l'autorité et le témoignage de pères de l'Église, nous jugeons utile néanmoins d'ajouter ici quelques remarques afin de désarmer la critique, si toutefois elle voulait attaquer notre récit.

La première observation qu'il y a à faire, c'est que l'histoire des premiers chrétiens diffère autant de celle des chrétiens de nos jours, que leurs vertus et leur foi héroïque diffèrent des nôtres. Vouloir donc juger de leurs actions d'après nos mœurs actuelles, c'est s'abuser étrangement. Si souvent, les actes des premiers fidèles et les prodiges nombreux qui les accompagnaient, paraissent aux yeux de quelques esprits légers, empreints d'exagération, de mensonge, de fausseté même, c'est qu'on ne se reporte point assez aux temps de ces actes et de ces prodiges. La foi était alors dans toute la vigueur de sa sève fécondante; la doctrine évangélique, qui venait opposer une digue puissante à tous les travers, à tous les débordements de l'esprit et du cœur humain, ne pouvait s'établir, se répandre, se perpétuer qu'à la condition de frapper vivement les peuples par l'éclat et la multiplicité des prodiges, par la vue des actions des sectateurs de sa morale et de ses dogmes, par la pratique enfin de toutes les vertus qu'elle enseignait aux hommes.

Seconde observation. A défaut d'actes authentiques peut-on ajouter foi à ce que les premiers pères de l'Église nous ont transmis sur sainte Thècle? La réponse ne saurait être douteuse, puisque c'est par le canal de ces mêmes pères que nous connaissons la vie d'une foule d'autres grands serviteurs de Dieu; puisque ces pères sont les premiers historiens de l'Église, et que, plus rapprochés des évènements, ils ont pu mieux les connaître, les apprécier, les juger; puisque leur autorité a toujours eu un si grand poids parmi les chrétiens. Qui connaîtrait et croirait la vie de Saint Siméon Stylite ou de Saint Antoine, si Théodoret et Saint Athanase ne l'avaient écrite? Qu'on lise Eusèbe, Saint Jérôme, Sulpice Sévère, Saint Grégoire et autres, on y trouvera des faits qui semblent bien plus choquer en apparence les règles du sens commun que ceux qui sont rapportés dans la vie de Sainte Thècle.

Troisième observation. Comment expliquer le silence absolu

que Saint Luc garde, dans les actes des Apôtres, sur la conversion de Sainte Thècle, son dévouement et ses rapports
avec Saint Paul? nous répondons d'abord avec Saint Jérôme:
qu'un historien n'est point obligé de décrire exactement tous
les évènements divers qui se sont passés : qu'il est constant
par la relation même que Saint Paul nous fait, en quelques
endroits de ses épîtres, de ses souffrances et de ses aven-
tures, qu'il est constant, disons-nous, que Saint Luc n'a
rapporté qu'une bien faible partie des actions de l'Apôtre,
qu'il n'en a fait qu'un abrégé succinct, se contentant de men-
tionner les faits les plus frappants et les plus intéressants. —
Nous dirons en second lieu, avec le savant annaliste Baronius, qu'il peut se faire aussi que, quand l'Apôtre fut à Icone,
Saint Luc n'était point à suite : qu'il a donc pu d'autant plus
aisément taire cette histoire, qu'il n'en avait point été le
témoin oculaire comme il le fut de toutes les autres.

Quatrième observation. L'Église ayant condamné un livre
qui contenait les actes de cette Sainte, en ayant rejeté un
autre comme apochryphe, peut-on ajouter quelque foi aux
auteurs qui ont puisé dans ces sources? on répond à cela,
1° si l'Église a condamné ce livre, ce n'est point parce qu'il
contenait les actes vrais ou supposés de la Sainte, mais bien
parce que les hérétiques, frappés de la vénération que les
fidèles avaient en elle, et voulant par ce moyen mieux propager leurs erreurs, avaient corrompu ce livre, comme nous
l'apprenons de Tertulien et de Saint Jérôme; 2° un livre reconnu apocryphe, n'est pas toujours un livre suspect et dangereux. Au milieu de beaucoup d'erreurs, il peut contenir
beaucoup de vérités. Il suffit donc de savoir discerner avec
prudence et sagesse le vrai d'avec le faux. Dès lors quand
un auteur grave, tel que Saint Basile, Saint Athanase (1),
Métastase, etc., consultent ces sources suspectes, on doit

(1) Le cardinal Baronius nous assure que ce grand docteur a écrit la
vie de Sainte Thècle et que l'original se voit dans la bibliothèque du roi
d'Espagne. C'est le cas de dire avec un auteur du dernier siècle : qu'une
aussi sainte vie méritait une aussi sainte plume pour ne rien perdre de
son lustre et de sa beauté.

supposer qu'ils apportent à ce travail la prudence et le discernement nécessaires : et par là même on peut ajouter foi à ce qu'ils ont écrit, surtout quand leur témoignage est corroboré par celui des autres pères.

Cinquième observation. Comment concilier cette parole de l'Apôtre ; *docere mulieri non permitto,* avec la conduite de Sainte Thècle prêchant l'évangile et administrant elle-même le baptême, au rapport de Saint Basile ? Cette difficulté n'est pas sérieuse, si on se souvient que dans l'établissement de la foi et dans la naissance de l'Église, beaucoup de choses étaient tolérées, nécessaires même, qui aujourd'hui sont prohibées et interdites. L'histoire ecclésiastique nous fournit au surplus beaucoup d'exemples de cette espèce. En sa qualité d'Apôtre des gentils, Saint Paul aurait bien pu encore conférer ce pouvoir à sa fille spirituelle qu'il prévoyait appelée par le Seigneur à manifester si hautement son nom et sa gloire. On peut ajouter aussi que Thècle n'aura usé de ce pouvoir qu'auprès des personnes de son sexe et qu'en l'absence de tout ministre de la religion.

§ 15. — CONCLUSION.

La mémoire des saints est semblable à ces parfums exquis qui répandent au loin l'odeur la plus suave. Victimes innocentes, embrasées du feu de l'amour de Dieu, et fumantes encore de ce sang qu'ils ont répandu pour Jésus-Christ, les saints répandent sans cesse dans l'Église une suavité parfaite, et procurent une douceur céleste à ceux qui s'en approchent et les imitent. Leurs vertus, leurs belles actions survivent à l'instabilité des temps, et la postérité la plus reculée chante encore leur gloire et leur triomphe. *In memorid œternd erit justus, ab auditione malá non timebit* (Ps. III.) Mais, dans cette foule de bienheureux, ceux qui, comme le dit l'Apôtre, ont eu les prémices de l'esprit et sont les premiers nés de l'épouse du fils de Dieu, ceux là répandent surtout une onction toute particulière. Le mépris du monde, le détachement de soi-même, la haine de la chair, l'ardeur pour les souffrances qui sont à présent les fruits

d'une vertu consommée, étaient alors les premières démarches de ces âmes héroïques, et nos plus grands sacrifices
n'étaient pour elles que de légères offrandes.

« Que sont devenus ces premiers chrétiens, s'écrie un
grand évêque? qu'est devenue toute cette nation sainte, cette
Église fervente, ce peuple choisi, cet âge d'or, où de faibles
filles surmontaient avec un courage indomptable la fureur
des tyrans, la rage des bourreaux, la cruauté des bêtes
féroces, la rigueur des plus atroces supplices, et regardaient
la mort et le sépulcre comme la fin de leurs souhaits et le
comble de leurs espérances ? » Nous vivons cependant
encore sous l'empire de la même loi du Christ, nous pouvons
nous abreuver aux mêmes sources, nous sommes de plus
fortifiés par les exemples des saints! pourquoi ne ferions-
nous donc pas ce que les saints ont fait?

PRIÈRES DIVERSES.

Pour ne rien omettre de ce qui peut entretenir et ranimer la piété des fidèles envers les saints évêques MAXIME et FAUSTE et la glorieuse vierge et martyre THÈCLE, dont on vient de lire les vies, nous joignons à ce travail un recueil de prières diverses.

Les fidèles pourront les réciter en tout temps de l'année, mais plus particulièrement encore, les jours auxquels l'Église célèbre les fêtes de ces saints, pendant l'octave de ces mêmes fêtes, et pendant la neuvaine qui les précède.

—

LITANIES DE SAINT MAXIME.

Kyrie eleyson.

Christe eleyson.

Kyrie eleyson.

Christe, audi nos.

Christe, exaudi nos.

Pater de cœlis Deus, miserere nobis.

Fili Redemptor mundi Deus, miserere nobis.

Spiritus Sancte Deus, miserere nobis.

Sancta Trinitas unus Deus, miserere nobis.

Sancte Maxime, benedictionibus Dei cumulate, ora pro nobis.

S. Maxime, diù sub habitu seculari miles Christi, ora.

S. Maxime, inter ipsa primordia consummate, ora.

S. Maxime, blandimenta carnis exhorrens, ora.

S. Maxime, sacris in libris pastum animæ quærens, ora.

S. Maxime, humilis corde et mundi contemptor ut uni Deo vacares, ora.

S. Maxime, Lirinensium fratrum exemplar et pastor, ora.

S. Maxime, perfectæ obedientiæ observator fidelissime, ora.

S. Maxime, paupertatis et laboris cultor strenue, ora.

S. Maxime, mirâ austeritate vitæ insignis, ora.

S. Maxime, signis et prodigiis inclyte, ora.

S. Maxime, terror et victor dæmonum, ora.

S. Maxime, tot sacerdotum et præsulum institutor ,   ora.

S. Maxime , à multis civitatibus in præsulem expetite ,   ora.

S. Maxime, dignitatum fugax , et inediâ triduanoque imbre penè confecte ,   ora.

S. Maxime, verè à Deo vocate, per vim rapte et consecrate ,   ora.

S. Maxime , verbo et exemplo ovium pastor eximie ,   ora.

S. Maxime, decus et lumen præsulum ,   ora.

S. Maxime, virtutum omnium exemplar ,   ora.

S. Maxime, languentium sanator ,   ora.

S. Maxime, mœstorum consolator ,   ora.

S. Maxime , lumen cœcorum ,   ora.

S. Maxime , mortuorum vita ,   ora.

S. Maxime , qui in abbate pontificem et in pontifice abbatem gessisti ,   ora.

S. Maxime , in cordibus ovium et in civitate templorum Dei fundator ,   ora.

S. Maxime , avitæ fidei defensor ,   ora.

S. Maxime , Deiparæ virginis dignitatis propugnator ,   ora.

S. Maxime , obitûs tui prænuntiator ,   ora.

S. Maxime , in cilicio à te nunquàm deposito sepulte ,   ora.

S. Maxime , ecclesiæ nostræ lumen ,   ora.

S. Maxime , triumphans in cœlis ,   ora.

S. Maxime, Regensium pastor et patrone, intercede pro nobis.

Agnus Dei qui tollis peccata mundi, parce nobis Domine.

Agnus Dei qui tollis peccata mundi , exaudi nos , Domine.

Agnus Dei qui tollis peccata mundi , miserere nobis.

   ℣. Ora pro nobis , Sancte Maxime.

   ℟. Ut digni efficiamur promissionibus Christi.

OREMUS.

Supplicationibus servorum tuorum, auctor omnium Deus, miserator adesto : ut , quibus Beatum Maximum , pontificem tuum , dedisti patronum , respectu gratiæ tuæ roborati , eum apud te sentiant precatorem. Per Dominum nostrum Jesum Christum filium tuum , qui tecum vivit et regnat in unitate Spiritûs Sancti Deus , per omnia secula seculorum. Amen.

LITANIES DE SAINT MAXIME, EN FRANÇAIS.

Seigneur, ayez pitié de nous.

Jésus-Christ, ayez pitié de nous.

Seigneur, ayez pitié de nous.

Jésus-Christ, écoutez nous.

Jésus-Christ, exaucez-nous.

Dieu le père céleste, ayez pitié de nous.

Dieu le fils, rédempteur du monde, ayez pitié de nous.

Dieu le Saint-Esprit, ayez pitié de nous.

Trinité sainte qui êtes un seul Dieu, ayez pitié de nous.

Saint Maxime, qui avez été comblé des bénédictions de Dieu, priez pour nous.

S. Maxime, qui sous l'habit séculier avez été longtemps soldat de Jésus-Christ, priez.

S. Maxime, dès votre jeunesse, consommé dans la vertu, priez.

S. Maxime, qui avez eu en souveraine horreur les délices de la chair, priez.

S. Maxime, qui avez cherché dans les divines écritures la nourriture de votre âme, priez.

S. Maxime, qui avez été humble de cœur et avez quitté le monde pour ne penser qu'à Dieu seul, priez.

S. Maxime, le modèle et le pasteur des moines de Lérins, priez.

S. Maxime, observateur très-fidèle de la parfaite obéissance, priez.

S. Maxime, amateur courageux de la pauvreté et du travail, priez.

S. Maxime, illustre par l'austérité prodigieuse de votre vie, priez.

S. Maxime, célèbre par les prodiges et les miracles que vous avez opérés, priez.

S. Maxime, la terreur et le vainqueur des démons, priez.

S. Maxime, qui avez formé tant de prêtres et tant d'évêques, priez.

S. Maxime, recherché et élu évêque par plusieurs villes, priez.

S. Maxime, qui vous dérobant par la fuite à cette haute dignité, avez enduré pendant trois jours les rigueurs de la faim et de la pluie, priez.

S. Maxime, véritablement appelé de Dieu, enlevé par force
et sacré malgré vous,   priez.

S. Maxime, pasteur excellent, qui avez nourri vos brebis
autant par vos instructions que par vos exemples,   priez.

S. Maxime, l'honneur et le lustre des prélats,   priez.

S. Maxime, le modèle de toutes les vertus,   priez.

S. Maxime, le médecin des infirmes,   priez.

S. Maxime, le consolateur des affligés,   priez.

S. Maxime, la lumière des aveugles,   priez.

S. Maxime, la vie des morts,   priez.

S. Maxime, qui étant abbé avez eu les vertus d'un pontife,
et qui étant pontife avez conservé la sainteté d'un abbé, priez.

S. Maxime, fondateur des temples de Dieu dans les cœurs
de vos ouailles et dans votre ville,   priez.

S. Maxime, défenseur de l'antique foi,   priez.

S. Maxime, défenseur de la dignité de la glorieuse Vierge
Mère de Dieu,   priez.

S. Maxime, qui avez prédit votre mort prochaine,   priez.

S. Maxime, qui avez voulu être enseveli dans le cilice que
vous aviez toujours porté,   priez.

S. Maxime, lumière de notre église,   priez.

S. Maxime, qui triomphez dans le ciel,   priez.

S. Maxime, évêque et patron de Riez, intercédez pour nous.

Agneau de Dieu, qui effacez les péchés du monde, pardon-
nez-nous, Seigneur.

Agneau de Dieu, qui effacez les péchés du monde, Exaucez-
nous, Seigneur.

Agneau de Dieu, qui effacez les péchés du monde, Ayez pitié
de nous, Seigneur.

℣. Saint Maxime, priez pour nous.

℟. Afin que nous soyons rendus dignes des promesses de
Jésus-Christ.

ORAISON.

O Dieu plein de miséricorde, qui êtes l'auteur de tous,
écoutez favorablement les humbles prières de vos serviteurs :
afin que ceux, à qui vous avez donné pour patron le bien-

heureux Maxime, votre pontife, étant fortifiés par le doux regard de votre grâce, reconnaissent qu'ils ont ce grand Saint pour intercesseur auprès de vous. Par notre Seigneur Jésus-Christ votre fils, qui, étant Dieu, vit et règne avec vous en l'unité du Saint-Esprit, dans tous les siècles des siècles. Ainsi soit-il.

PRIÈRE A SAINT MAXIME.

Grand Saint Maxime, glorieux confesseur de Jésus-Christ, qui avez donné au monde l'exemple des plus sublimes vertus, daignez jeter un regard de tendresse et de miséricorde sur ce pauvre pécheur qui implore le secours de vos prières. Pendant que vous conversiez sur cette terre d'exil, la main du Seigneur était avec vous, et vous étiez grand devant lui. Né mortel comme nous, revêtu de faiblesse, entouré de dangers, tenté de mille manières, vous vous êtes néanmoins fortifié et affermi dans la charité ; vous avez foulé aux pieds les fureurs du monde, vous avez dédaigné ses caresses, vous avez vaincu sa malignité. Votre vie toute admirable a été comme un miroir qui nous montre ce que le chrétien doit imiter et ce qu'il doit fuir, ce qu'il doit pratiquer et ce qu'il doit éviter. Obtenez-moi donc par votre puissante intercession, que je mène une vie conforme à l'esprit du christianisme. Aidez-moi, charitable protecteur, à recouvrer la grâce du Baptême, que j'ai perdue par le péché, à la conserver, à l'augmenter en moi par la pénitence, la mortification et la pratique de l'humilité. Faites par vos prières auprès de Dieu que je devienne l'imitateur fidèle de vos vertus ; que je n'ambitionne, comme vous, que le règne de J.-C. dans mon cœur et sur tous mes sens ; que je ne recherche jamais les faux honneurs et les biens périssables de cette vie ; que je me dévoue, autant qu'il sera en moi, au salut de mes frères ; que je déteste l'orgueil et la vaine gloire, que je devienne en un mot la bonne odeur de Jésus-Christ. Protégez moi, grand Saint, dans tout le cours de ma vie, et ne m'abandonnez pas à l'heure de ma mort. Ainsi soit-il.

AUTRE PRIÈRE A SAINT MAXIME.

Illustre Saint , que , par un bienfait spécial de son inépuisable miséricorde , le Seigneur a fait naître , vivre et mourir au milieu de nous , afin de nous servir de modèle et de protecteur continuel dans le Ciel , ô glorieux Maxime! Nous vous implorons avec la plus vive confiance. Par l'effet de votre puissante protection , obtenez-nous d'être humbles envers Dieu , comme vous ; tendres envers le prochain , durs et austères à nous-mêmes , puisque c'est en ces trois choses que consiste la véritable sainteté, dont toute votre vie a été la plus parfaite expression. Priez pour ce peuple qui vous vénère et vous invoque comme son pontife et son patron ; priez pour votre successeur dans le siége de Riez réuni aujourd'hui à celui des Domnin et des Vincent ; priez pour tout le clergé de ce vaste diocèse de Digne ; et que l'effet de votre puissante intercession se fasse sentir jusqu'à la fin des temps.

Antienne. Vous êtes, ô Maxime, la gloire de notre Église, l'ornement du cloître et l'honneur de notre population.

℣. Maxime est l'ami de ses frères et de tout le peuple.

℟. Maxime prie beaucoup pour le peuple et pour ce diocèse.

ORAISON.

O Dieu , qui dans votre bonté nous avez donné le bienheureux Maxime pour concitoyen et pour pontife sur la terre, et pour patron auprès de vous dans le ciel , faites par son intercession que , crucifiant en nous le monde et toutes nos passions déréglées , nous courions constamment et de tout notre cœur dans la voie de vos saints commandements, et que nous parvenions ainsi heureusement à la sainte montagne de Sion, où est le séjour éternel de votre gloire. Nous vous la demandons par J.-C. votre fils qui vit et règne avec vous et le Saint-Esprit dans tous les siècles des siècles. Ainsi soit il.

LITANIES DE SAINT FAUSTE.

Kyrie eleyson.

Christe eleyson.

Kyrie eleison.

Christe audi nos.

Christe exaudi nos.

Pater de cœlis Deus, miserere nobis.

Fili Redemptor mundi Deus, miserere nobis.

Spiritus Sancte Deus, miserere nobis.

Sancta Trinitas unus Deus, miserere nobis.

Sancte Fauste, serve bone et fidelis, ora pro nobis.

S. Fauste, seculi et divitiarum mundi contemptor,   ora.

S. Fauste, monachorum humillime,   ora.

S. Fauste, Honorati et Maximi alumne,   ora.

S. Fauste, Lirinensis cœnobii pater et decus,   ora.

S. Fauste, Maximi nostri bis successor,   ora.

S. Fauste, nihil ab abbate mutatus per sacerdotem,   ora.

S. Fauste, in episcopatu veteris disciplinæ rigorem non relaxans,   ora.

S. Fauste, egenorum et languentium refugium,   ora.

S. Fauste, vinctorum consolator,   ora.

S. Fauste, condonator injuriarum,   ora.

S. Fauste, zelo animarum inflammate,   ora.

S. Fauste, eloquii divini concionator indefesse,   ora.

S. Fauste, monachorum visitator et serve,   ora.

S. Fauste, triduanarum rogationum institutor in ecclesiâ nostrâ,   ora.

S Fauste, variis legationibus perfuncte,   ora.

S. Fauste, Rejensium fame laborantium providentia,   ora.

S. Fauste, pro fide catholicâ dimicans,   ora.

S. Fauste, pro fide in exilium misse,   ora.

S. Fauste, in pace defuncte,   ora.

S. Fauste, in vitâ et post mortem laudibus celebrate,   ora.

S. Fauste, ab eloquentiâ vitæque sanctitate magnoperè commendate,   ora.

S. Fauste, austeritate vitæ martyr,   ora.

S. Fauste, opem tuam implorantium auxiliator, intercede pro nobis.

Agnus Dei qui tollis peccata mundi, parce nobis Domine, etc.

℣. Amavit eum Dominus et ornavit eum.

℟. Stolam gloriæ induit eum.

OREMUS.

Apud clementiam tuam, quæsumus Domine, beatus Faustus confessor tuus et pontifex intercedat pro nobis, ut sicut illum pontificali fecisti dignitate fulgere, sic nos ipsius precibus celesti lumine facias illustrari. Per Dominum nostrum, etc...

LITANIES DE SAINT FAUSTE, EN FRANÇAIS.

Seigneur, ayez pitié de nous.

Jésus-Christ, ayez pitié de nous.

Seigneur, ayez pitié de nous.

Jésus-Christ, écoutez nous.

Jésus-Christ, exaucez nous.

Dieu le père céleste, ayez pitié de nous.

Dieu le fils rédempteur du monde, ayez pitié de nous

Dieu le Saint-Esprit, ayez pitié de nous.

Sainte Trinité, qui êtes un seul Dieu, ayez pitié de nous.

Saint Fauste, bon et fidèle serviteur de Dieu, priez pour nous.

S. Fauste, qui avez renoncé au siècle et aux richesses du monde,   priez.

S. Fauste, le plus humble des moines,   priez.

S. Fauste, disciple des saints Honorat et Maxime,   priez.

S. Fauste, père et ornement du monastère de Lérins, priez.

S. Fauste, par deux fois successeur de Saint Maxime, priez.

S. Fauste, en qui le pontife ne perdit rien de l'abbé,   priez.

S. Fauste, ne diminuant point dans l'épiscopat la rigueur de votre ancienne discipline,   priez.

S. Fauste, refuge des indigents et des malades,   priez.

S. Fauste, consolateur des captifs,   priez.

S. Fauste, pardonnant les injures,   priez.

S. Fauste, enflammé de zèle pour le salut des âmes,   priez.

S. Fauste, prédicateur infatigable de la parole sainte, priez.

S. Fauste, visitant et servant les moines,   priez.

S. Fauste, qui avez établi dans votre église les trois jours des Rogations,   priez.

S. Fauste, qui avez rempli diverses légations,   priez.

S. Fauste, providence des habitants de Riez décimés par la famine,   priez.

S. Fauste, combattant pour la foi catholique,   priez.

S. Fauste, exilé pour la défense de la foi,   priez.

S. Fauste, mort en paix,   ·   priez.

S. Fauste, loué pendant votre vie et après votre mort, priez.

S. Fauste, grandement recommandable par votre éloquence et la sainteté de votre vie,   priez.

S. Fauste, martyr par vos austérités,   priez.

S. Fauste, aide et secours de ceux qui vous implorent, intercédez pour nous.

Agneau de Dieu qui effacez les péchés du monde, pardonnez nous Seigneur, etc.

℣ Le Seigneur l'a aimé et il a orné son âme.

℟. Il l'a revêtu d'une robe de gloire.

ORAISON.

Accordez-nous, Seigneur, nous vous en prions, que le bienheureux Fauste votre confesseur et pontife intercède pour nous auprès du trône de votre clémence, afin que de même que vous l'avez fait briller dans la dignité épiscopale; de même aussi par le secours de ses prières vous nous fassiez briller et jouir de la lumière céleste. Nous vous le demandons par notre Seigneur, etc.

PRIÈRE A SAINT FAUSTE DE RIEZ,
TIRÉE DES ŒUVRES DE SAINT SIDOINE, ÉVÊQUE DE CLERMONT, *Liv. 9ᵉ, lettre 3ᵉ à Fauste.*

Accordez, ô saint évêque, à une âme qui est mal avec

8

elle-même, et qui tremble sans cesse au souvenir des fautes d'une vie coupable, accordez lui le suffrage de vos prières assidues et puissantes, de ces prières auxquelles vous vous êtes exercé dans l'île de Lérins, et que vous avez transportées dans la ville dont vous avez gouverné l'église, sans que le pontife ait rien perdu en vous de l'abbé; car à l'occasion de votre nouvelle dignité vous ne diminuâtes point la rigueur de vos austérités. Obtenez moi donc par l'efficacité de vos prières que le Seigneur devienne ma portion; que je ne sois point un homme terrestre à qui les sollicitudes du siècle font oublier le souverain auteur de tous les biens; que me détachant des choses créées et périssables, je renonce avant tout au péché, et m'attache pour toujours à celui en qui sont réunis tous les trésors de science, de vérité et de perfections infinies. Par ce même crédit dont vous jouissez présentement dans le ciel, faites, je vous conjure, ô glorieux pontife de Jésus Christ, que toutes mes actions étant conformes à ma foi me rendent digne de participer un jour à ces torrents de délices dont le Seigneur inonde ses élus. Ainsi soit-il.

LITANIES DE SAINTE THÈCLE.

Kyrie eleyson.

Christe eleyson.

Kyrie eleyson.

Christe audi nos.

Christe exaudi nos.

Pater de cœlis Deus, miserere nobis.

Fili Redemptor mundi Deus, miserere nobis.

Spiritus Sancte Deus, miserere nobis.

Sancta Trinitas unus Deus, miserere nobis.

Sancta Thecla, à divo Paulo edocta, ora pro nobis.

S. Thecla, fidelis Dei vocationi et gratiæ,	ora.
S. Thecla, virginum primitiæ,	ora.
S. Thecla, nascentis Ecclesiæ decus et gloria,	ora.
S. Thecla, donis gratiæ locupletata,	ora.
S. Thecla, spiritu fortitudinis à Deo induta,	ora.

S. Thecla, speculum divini amoris, ora.

S. Thecla, sanctuarium puritatis, ora.

S. Thecla, deliciarum mundi generosa contemptrix, ora.

S. Theclà, deliciarum crucis assidua sectatrix, ora.

S. Thecla, quæ, præclaras nuptias respuens, Christum in sponsum elegisti, ora.

S. Thecla, quæ, patriam et familiam fugiens, uni Deo adhæsisti, ora.

S. Thecla, quæ, prima ex fœminis, in martyrii certamen pro fide descendisti, ora.

S. Thecla, invictæ in sustinendis persecutionibus patientiæ, ora.

S. Thecla, è periculis maximis divinitùs erepta, ora.

S. Thecla, in medio flammarum non æstuata, ora.

S. Thecla, à leonibus impasta et adorata, ora.

S. Thecla, naturam bestiarum virginitatis veneratione mutans; ora.

S. Thecla, lux paganorum, ora.

S. Thecla, evangelicæ veritatis propagator, ora.

S. Thecla, salutis animarum zelatrix, ora.

S. Thecla, vitam solitariam agens, ora.

S. Thecla, contemplatrix asssidua bonorum cœlestium, ora.

S. Thecla, lilium inter spinas, ora.

S. Thecla, à patribus toties celebrata, ora.

S. Thecla, à martyribus invocata, ora.

S. Thecla, agonisantium patrona, ora.

S. Thecla, in vità et post mortem miraculis clara, ora.

S. Thecla, virgo virginum norma et custos, ora.

S. Thecla, ad te confugientium tutela, ora.

S. Thecla, martyr in cœlo triumphans, ora.

S. Thecla, advocata nostra, intercede pro nobis.

Agnus Dei, qui tollis peccata mundi, parce nobis Domine, etc.

℣. Ora pro nobis Sancta Thecla.

℟ Ut digni efficiamur promissionibus Christi.

OREMUS.

Præsta, quæsumus, omnipotens Deus, ut præclara virgo Thecla, sicut in muliebri sexu prima Dominicæ passionis imitatrix enituit, ita fragilitati nostræ promptam se adjutricem exhibeat. Per Dominum nostrum J.-C. filium tuum qui tecum vivit et regnat Deus in secula seculorum. Amen.

LITANIES DE SAINTE THÈCLE, EN FRANÇAIS.

Seigneur, ayez pitié de nous.

Jésus-Christ, ayez pitié de nous.

Seigneur, ayez pitié de nous.

Jésus-Christ, écoutez nous.

Jésus-Christ, exaucez nous.

Dieu le père céleste, ayez pitié de nous.

Dieu le fils, rédempteur du monde, ayez pitié de nous.

Dieu le Saint-Esprit, ayez pitié de nous.

Trinité Sainte qui êtes un seul Dieu, ayez pitié de nous.

Sainte Thècle, instruite par Saint Paul, priez pour nous.

S. Thècle, fidèle à la vocation et à la grâce de Dieu,   priez.

S. Thècle, prémices des vierges,   priez.

S. Thècle, ornement et gloire de l'Église naissante,   priez.

S. Thècle, enrichie des dons de la grâce,   priez.

S. Thècle, revetue par Dieu de l'esprit de force,   priez.

S. Thècle, miroir du divin amour,   priez.

S. Thècle, sanctuaire de la pureté,   priez.

S. Thècle, qui avez généreusement méprisé les délices du monde,   priez.

S. Thècle, qui avez continuellement recherché les délices de la croix,   priez.

S. Thècle, qui, dédaignant une alliance illustre, avez choisi J.-C. pour votre époux,   priez.

S Thècle, qui, abandonnant votre pays et votre famille, ne vous êtes attachée qu'à Dieu seul,   priez.

S Thècle, qui, la première de votre sexe, avez subi le martyre pour la défense de la foi,   priez.

S. Thècle, douée d'une patience inaltérable dans les persécutions, priez.

S. Thècle, sauvée miraculeusement des plus grands dangers, priez.

S. Thècle, non consumée au milieu des flammes, priez.

S. Thècle, non dévorée, mais adorée par les lions, priez.

S. Thècle, changeant la nature des bêtes féroces en respect
pour la virginité, priez.

S. Thècle, lumière des payens, priez.

S. Thècle, prédicateur des vérités évangéliques, priez.

S. Thècle, zélatrice du salut des âmes, priez.

S. Thècle, vivant dans la solitude, priez.

S. Thècle, contemplatrice assidue des biens célestes, priez.

S. Thècle, lys s'élevant au milieu des épines, priez.

S. Thècle, si souvent vantée par les pères de l'Église, priez.

S. Thècle, invoquée par les martyrs, priez.

S. Thècle, patrone des agonisants, priez.

S. Thècle, illustre par vos miracles pendant votre vie et
après votre mort, priez.

S. Thècle, vierge modèle et gardienne des vierges, priez.

S. Thècle, protectrice de tous ceux qui vous implorent, priez.

S. Thècle, martyre triomphante dans le ciel, priez.

S. Thècle, notre avocate, intercédez pour nous.

Agneau de Dieu, qui effacez les péchés du monde, ayez
pitié de nous Seigneur, etc.

℣. Sainte Thècle priez pour nous.

℟. Afin que nous soyons rendus dignes des promesses de
Jésus-Christ.

ORAISON.

Faites, ô Dieu tout-puissant, nous vous en conjurons, que
l'illustre Vierge Thècle, qui, la première de son sexe, s'est
montrée l'imitatrice de la passion de notre Seigneur, soit aussi
la protectrice efficace et prompte de notre fragilité. Par notre
Seigneur J. C. votre fils, qui étant Dieu, vit et règne avec vous
en l'unité du Saint-Esprit dans tous les siècles. Ainsi soit-il.

PRIÈRE DE SAINT BASILE DE SÉLEUCIE A SAINTE THÈCLE.

Que me reste-t-il à faire, ô grande Sainte, après avoir admiré vos combats, m'être réjoui de vos victoires, si non de vous prier d'intercéder pour ce pauvre pécheur, et de devenir son avocate auprès du souverain juge. Souvenez-vous du milieu de ces abîmes de gloire que vous possédez au ciel, des misères que je souffre sur la terre. Je n'aspire point, grande Sainte, à la couronne du martyre que vous avez tant de fois remportée. Je n'ose pas élever si haut mes prétentions; je ne suis pas digne de cette robe de pourpre, mais je désire de participer à votre esprit de solitude, de retraite et de pénitence. Faites que mon âme meure à toutes les créatures, que je disparaisse à leurs yeux; que je les efface de mon souvenir, que je m'ensevelisse tout vivant, et que je devienne comme un vase perdu dont les hommes n'ont plus de mémoire. Arrachez moi et détachez moi de ces consolations terrestres et passagères, de ces liens qui me captivent de toutes parts. Faites moi demeurer sans cesse dans mon néant, et que ma chair humiliée et abatue sous le poids de ses crimes, n'irrite plus la justice de Dieu, et ne lasse plus sa miséricorde. La onzième heure a déjà sonné, et je suis encore oisif! mes jours s'écoulent avec une effrayante rapidité, et je ne songe point à un changement salutaire. Souffrirez-vous, Grande Sainte, que je persévère dans cet état de torpeur?

Que je ressente désormais, ô glorieuse vierge, l'effet de vos prières. Servez moi de guide dans mes ténèbres, d'appui dans mes faiblesses, de protectrice dans mes combats, d'asile dans mes tentations. Ne vous rebutez pas de mes chûtes, ne vous lassez pas de me secourir pendant la vie, et ne me refusez pas votre assistance à l'heure de la mort, si formidable aux pécheurs, et enfin ne m'abandonnez pas au tribunal de Dieu. Assistez moi devant le souverain juge, afin de lui présenter votre vie, et de lui cacher la mienne; afin de fléchir sa colère et d'attirer sur moi sa miséricorde. Ainsi soit-il.

MESSE DE SAINT MAXIME.

27 NOVEMBRE.

Introït.

Gaudea mus omnes in Do mi no di

em fes tum ce le bran tes sub ho no re bea ti

pon ti fi cis Ma xi mi de cu jus so lem ni ta te
(trium pho)

gau dent An ge li et col lau dant fi-

li um De i. *PS.* Can ta te Do mi no can-

ti cum no vum : qui à mi ra bi li a fe cit. ℣. Glo ri a.

Se cu lo rum. A men. 1.

ORATIO.

Supplicationibus servorum tuorum, auctor omnium Deus, miserator adesto : ut quibus beatum Maximum pontificem dedisti patronum, respectu gratiæ tuæ roborati, eum apud te sentiant precatorem. Per Dominum.

LECTIO LIBRI SAPIENTIÆ. (*Eccli.* 44 *et* 45.)

Eccè sacerdos magnus qui in diebus suis placuit Deo, et inventus est justus, et in tempore iracundiæ factus est reconciliatio. Non est inventus similis illi qui conservaret legem excelsi. Ideo jurejurando fecit illum Dominus crescere in plebem suam. Benedictionem omnium gentium dedit illi et testamentum suum confirmavit super caput ejus. Cogno-vit eum in benedictionibus suis : conservavit illi misericordiam suam, et invenit gratiam coram oculis Domini. Magnificavit eum in conspectu regum, et dedit illi gloriam æternam. Statuit illi testamentum sempiternum, et dedit illi sacerdotium magnum, et beatificavit illum in gloriâ. Fungi sacerdotio et habere laudem in nomine ipsius, et offerre illi incensum dignum in odorem suavitatis.

Graduel. Eccè sacerdos magnus, qui in diebus suis placuit Deo. Non est inventus similis illi, qui conservaret legem excelsi.

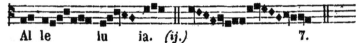

Al le   lu   ia. *(ij.)*   7.

℣. Venerande pontifex, ò beate Maxime, Regensiumque pastor inclyte, esto refugium eorum ad Deum per tua merita confugientium. Alleluia.

†. Sequentia Sancti Evangelii secundum Mathæum. (c. 5.)

In illo tempore dixit Jesus discipulis suis : Vos estis lux mundi. Non potest civitas abscondi suprà montem posita. Neque accendunt lucernam et ponunt eam sub modio, sed super candelabrum, ut luceat omnibus qui in domo sunt. Sic luceat lux vestra coram hominibus, ut videant opera vestra bona et glorificent patrem vestrum qui in cœlis est. Nolite putare quoniam veni solvere legem, aut prophetas : non veni solvere, sed adimplere. Amen quippe dico vobis, donec transeat cœlum et terra, iota unum, aut unus apex non præteribit à lege, donec omnia fiant. Qui ergo solverit unum de mandatis istis minimis, et docuerit sic homines, minimus vocabitur in regno cœlorum ; qui autem fecerit et docuerit, hic magnus vocabitur in regno cœlorum. — Credo.

Offertoire.

Ta lis de ce   bat ut   es   set   no bis   pon ti fex, Sanc tus, 'in   no cens, im pol lu   tus, se gre ga   tus à pecca to ribus

et ex cel si or cœ lis fac tus. 6.

SECRÈTE.

Sacrificia, Domine, quæ in honore beati Maximi, confessoris tui atque pontificis, tuæ offerimus majestati, sint nobis te miserante ad salutem efficacia, et tuæ placita pietati. Per Dominum.

Communion.

Se mel ju ra vi in sanc to me o

se men e jus in æ ter num ma ne bit, et

se des e jus si cut sol in cons pec tu me o et

si cut lu na per fec ta in æ ter num et tes tis

in cœ lo fi de lis. 4.

POST COMMUNION.

Sacramenta salutis nostræ suscipientes, concede, quæsumus, omnipotens Deus, ut beati Maximi confessoris tui atque pontificis nos ubique oratio adjuvet, in cujus veratióne hæc tuæ obtulimus majestati. Per Dominum.

Aux messes votives, on dit la même messe, à l'exception de l'Introït qui est alors celui-ci :

Sacerdotes tui, Domine, induant justitiam, et sancti tui exultent : propter David servum tuum, non avertas faciem Christi tui. (Allel. allel. *Temp. pasch.*) ps. Memento Domine, David : et omnia mansuetudinis ejus. Gloria patri.

Dans le temps pascal, on dit après l'Épitre les ℣ suivants :

Alleluia. Alleluia. Venerande pontifex, ô beate Maxime, Regensiumque pastor inclyte, esto refugium eorum ad Deum

per tua merita confugientium. Alleluia. Amavit eum Dominus et ornavit eum ; stolam gloriæ induit eum. Alleluia.

OFFICE DE SAINT MAXIME.

AUX 1res VÊPRES.

Ant. Ma ximus, à primævâ æ. ta te om ni gra ti â vir tu tum præ di tus, signis et pro di gi is in cly tus ex ti tit. — PS. — Dixit Dominus. 1.

Ant. E le git e um Do mi nus sa cer do tem si bi, ad sa cri fi can dum e i hos ti am lau dis. PS. — Con fi te bor. 2.

Ant. Ta lis de ce bat ut es set no bis pon- ti fex, sanc tus, in no cens, im pol lu tus, se gre ga tus à pec ca to ri bus, et ex cel si or cœ lis fac tus. PS. — Beatus vir. 3.

Ant. Be ne di ci mus Deum cœ li qui ta lem ac tan tum ci vi ta ti nos træ pa tro num con-

ces sit. — *PS.* — Laudate pueri. 4.

Ant.

Sa cer dos De i, Maxime, pas tor e gre-

gi e, o ra pro no bis De um. *PS.* Laudate Dominum. 5.

CAPITULE. (*Eccli.* 44.)

Eccè sacerdos magnus , qui in diebus suis placuit Deo , et inventus est justus , et in tempore iracundiæ factus est reconciliatio. ℟. Deo gratias.

HYMNE.

Chris te pas to rum ca put at que nor ma

Præsulem læ to ce le bra mus o re

Qui tu um, le gis bo nus æ mu la tor,

Rexit o vi le. 5.

Carnis ignitos , teneris ab annis ,
Cæpit audacter stimulos domare ,
Sobrio victu , licitisque rebus
    Parcius utens.

Quin , et abjectis opibus , Lirinas
Advolat sylvas, ubi mox sodales ,
Omne virtutum genus assecutus ,
    Exsuperavit.

Hinc Honoratus pia septa linquens ,
Maximum cogit Monachis præesse :

Qui , ministrari renuens , minister
    Omnibus adstat.

Illius sensim , quasi luna crescens ,
Fama crebrescit, volitans per ora :
Maximi virtus latitare nisu.
    Certat inani.

Unde certatim sibi civitates
Ambiunt illum ; dolet , et repentè
Densa sylvarum penetrans , tremendos,
    Fallit honores.

Eia Regensis regio ! Lirini
Pastor à Cœlo tibi destinatur :
Cæteræ frustra rapere elaborant ,
    Jàm tuus extat.

Laus Deo patri ; Genitoque Verbo,
Laus celebretur pariter perennis :
Par sit amborum tibi laus in omni ,
    Spiritus , œvo. Amen.

℣. Amavit eum Dominus et ornavit eum.

℟. Stolam gloriæ induit eum.

Ant. ad Magnificat.

O miranda Dei virtus quâ Maxi-mus almus monstrat se signis vivere mirificis: nam sancti attactu surgit rediviva puella quæ priùs in pheretro mortua visa fuit. Nos ergo oremus patronus vivere

tan tus se cum per pe tu o pos cat à

Do mi no. — *Cant.* Magnificat.　1.

ORATIO.

Supplicationibus servorum tuorum, auctor omnium Deus miserator adesto; ut quibus beatum Maximum pontificem dedisti patronum, respectu gratiæ tuæ roborati, eum apud te sentiant precatorem. Per Dominum.

AUX SECONDES VÊPRES.

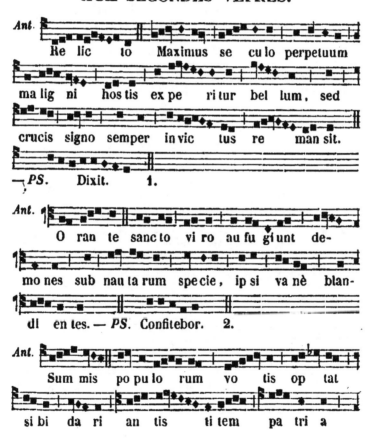

Ant. Re lic to Maximus se cu lo perpetuum ma lig ni hos tis ex pe ri tur bel lum, sed crucis signo semper in vic tus re man sit.

— *PS.* Dixit.　1.

Ant. O ran te sanc to vi ro au fu gi unt de mo nes sub nau ta rum spe cie, ip si va nè blan di en tes. — *PS.* Confitebor.　2.

Ant. Sum mis po pu lo rum vo tis op tat si bi da ri an tis ti tem pa tri a

Ma   xi mum. — *PS.* Beatus vir.   3.

Ant.

Glo riam De ò di ca mus, qui tot mi ra-

bi li a per sanctum præ su lem o pe ra ri

dig na tus est. — *PS.* Laudate pueri. 4.

Ant.

Ins ta re su um o bi tum præ di xit

be a tus Ma ximus qui cum sanctis co ro na tus

gau det in cœ lis. — *PS.* Memento. 5.

Le Capitule et l'Hymne, comme aux 1res vépres.

℣. Justum deduxit Dominus per vias rectas.
℟. Et ostendit illi regnum Dei.

Ant.
ad Magnificat

Ho di e lin quens car ne um sanc tus

pa ter er gas tu lum in ma ni bus an tis ti tum

e um ni mis lu gen ti um ad Chris tum su um

præ mi um di u spe ra tum ad mo dum læ tum

di re xit spi ri tum. *Cant.* Magnificat 1.

L'oraison comme aux 1res vépres.

TRIOMPHE DE SAINT MAXIME.

21 MAI.

La messe est celle du 27 novembre. — Pour les vépres, tout comme au 27 novembre, en ajoutant Alleluia *à chaque antienne, si c'est dans le temps pascal. Il n'y a de propre que ce qui suit.*

HYMNE.

O vir ex cel si me ri ti;

Ath le ta Chris ti Ma xi me,

Quas de vo tè effun di mus

Tu pre ces nos tras sus ci pe.

O sacerdos dignissime ,
Nos tuas oves protege ,
Tuisque sanctis precibus
Absterge quod peccavimus.

O vir vitæ purissimæ !
O confessor egregie !
Qui meruisti quatuor
Ressuscitare mortuos.

Tu pura Christi victima ,
Purè tractasti omnia :
Ardens propter cælestia,
Sprevisti secularia.

Tu instrasti per ostium ,
Factus præsul Regensium ,
Dignè gereus officium.
Curans languores omnium.

Nos tua intercessio
Gratos reddàt altissimo ;
Peracto vitæ spatio ,
Cœli fruamur gaudio .

Patrem laudemus omnium ,
Christumque ejus filium ,
Et utriusque spiritum
Adoremus in seculum. Amen.

Ant.
ad Magnificat

Magni fi ce mus De um nos trum quia

fe cit no bis mag na per Ma xi mum ser vum

su um qui po tens est re cor da tus mi se ri cor di æ

su æ. Al le   lu ia. *Cant.* Magnificat. 8.

MESSE DE SAINTE THÈCLE.

23 septembre.

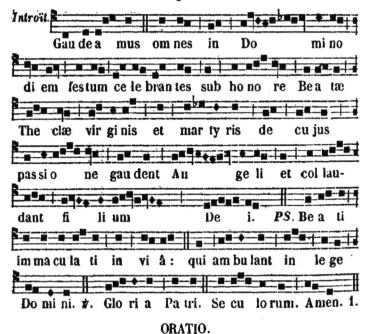

Introït.

Gau de a mus om nes in Do   mi no

di em festum ce le bran tes sub ho no re Be a tæ

The clæ vir gi nis et mar ty ris de   cu jus

pas si o   ne gau dent An   ge li et col lau-

dant fi   li um   De   i. *PS.* Be a ti

im ma cu la ti in vi â: qui am bu lant in le ge

Do mi ni. ℣. Glo ri a Pa tri. Se cu lo rum. Amen. 1.

ORATIO.

Da quæsumus, omnipotens Deus, ut qui beatæ Theclæ
virginis et martyris tuæ natalitia colimus, et annuâ solemnitate lœtemur, et tantæ fidei proficiamus exemplo. Per
Dominum.

LECTIO LIBRI SAPIENTIÆ. (*Eccli.* 51.)

Confitebor tibi, Domine rex, et collaudabo te Deum
salvatorem meum. Confitebor nomini tuo : quoniam adjutor
et protector factus es mihi : et liberasti corpus meum à
perditione, à laqueo linguæ iniquæ, et à labiis operantium
mendacium, et in conspectu astantium factus es mihi adjutor.
Et liberasti me secundùm multitudinem misericordiæ nomi-

nis tui à rugientibus præparatis ad escam , de manibus quærentium animam meam , et de portis tribulationum quæ circumdederunt me : à pressurâ flammæ quæ circumdedit me , et in medio ignis non sum æstuata : de altitudine ventris inferi , et à linguâ coinquinatâ , et à verbo mendacii , à rege iniquo , et à linguâ injustâ. Laudabit usque ad mortem anima mea Dominum , quoniam eruis sustinentes te , et liberas eos de manibus gentium , Domine Deus noster.

Graduel. Propter veritatem et mansuetudinem et justitiam : et deducet te mirabiliter dextera tua. ℣. Audi filia , et vide , et inclina aurem tuam , quia concupivit rex speciem tuam.

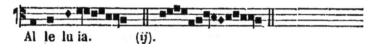

Al le lu ia.   (*ij*).

℣. Domine , qui beatam Theclam de tribus atrocissimis tormentis liberasti , libera nos in horâ mortis à dæmonum insidiis , et fac nos tecum in bonis congaudere cælestibus. Alleluia.

† Sequentia Sancti Evangelii secundum Mathæum. (25.)

In illo tempore : dixit Jesus discipulis suis parabolam hanc : simile erit regnum cœlorum decem virginibus , quæ accipientes lampades suas , exierunt obviam sponso et sponsæ. quinque autem ex eis erant fatuæ , et quinque prudentes : sed quinque fatuæ , acceptis lampadibus non sumpserunt oleum secum : prudentes verò acceperunt oleum in vasis suis cum lampadibus. Moram autem faciente sponso , dormitaverunt omnes et dormierunt. Mediâ autem nocte clamor factus est : eccè sponsus venit , exite obviam ei. Tunc surrexerunt omnes virgines illæ , et ornaverunt lampades suas. Fatuæ autem sapientibus dixerunt : date nobis de oleo vestro , quia lampades nostræ extinguuntur. Responderunt prudentes , dicentes : ne fortè non sufficiat nobis et vobis , ite potius ad vendentes et emite vobis. Dùm autem irent emere , venit sponsus : et quæ paratæ erant , intraverunt cum eo ad nuptias , et clausa est janua. Novissimè verò veniunt et reliquæ virgines, dicentes : Domine, Domine, aperi nobis. At ille respondens, ait : Amen, Amen dico vobis, nescio vos. Vigilate itaque, quia nescitis diem, neque horam. — Credo.

Offertoire.

Af fe ren tur re gi vir gi nes post e am : pro xi mæ e jus affe ren tur ti bi in læ ti ti à et exul ta ti o ne ad du cen tur in tem plum re gi Do mi no. 4.

SECRÈTE.

Suscipe, Domine, munera quæ in beatæ Theclæ virginis et martyris tuæ solennitate deferimus, cujus nos confidimus patrocinio liberari. Per Dominum.

Communion

Quinque prudentes vir gi nes ac cepe runt o le um in va sis su is cum lam pa di bus : me di à au tem noc te cla mor fac tus est ec cè spon sus ve nit, exi te ob vi am Chris to Do mi no. 5.

POST-COMMUNION.

Auxilientur nobis, Domine, sumpta mysteria, et intercedente beatâ Theclâ virgine et martyre tuâ, sempiterna faciant protectione gaudere. Per Dominum.

Aux messes votives, la messe se dit comme dessus, excepté l'Introït qui est celui-ci.

Loquebar de testimoniis tuis in conspectu regum, et non confundebar: et meditabar in mandatis tuis quæ dilexi nimis. *Ps.* Beati immaculati in viâ : qui ambulant in lege Domini. Gloria Patri.

OFFICE DE SAINTE THÈCLE.

AUX 1res VÊPRES.

Ant. In du is ti Do mi ne, for ti tu di nem fa mu lam tu am The clam et tes ti mo ni a tu a credi bi li a fac ta sunt ni mis. *PS.* Dixit. 1.

Ant. Au di tâ be a ti Pau li doc tri nâ, The cla in Chris tum cre di dit et e um in spon sum e le git. *PS.* Laudate pueri. 2.

Ant. Adhe sit a ni ma me a post te, me sus ce pit dex te ra tu a : ip si ve ro in va num quæsie runt a ni mam me am. *PS.* Lætatus. 3.

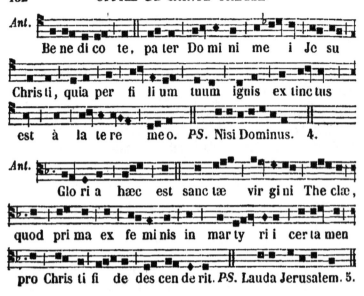

Ant.

Be ne di co te, pa ter Do mi ni me i Je su

Chris ti, quia per fi li um tuum ignis ex tinc tus

est à la te re me o. *PS.* Nisi Dominus. **4.**

Ant.

Glo ri a hæc est sanc tæ vir gi ni The clæ,

quod pri ma ex fe mi nis in mar ty ri i cer ta men

pro Chris ti fi de des cen de rit. *PS.* Lauda Jerusalem. 5.

CAPITULE. (*Eccli.* 51)

Confitebor tibi , Domine rex , et collaudabo te Deum salvatorem meum. Confitebor nomini tuo , quoniam adjutor
et protector factus es mihi , et liberasti corpus meum à perditione. ℣. Deo gratias.

HYMNE.

Plau sus no vi pan ge me los

Exul tans Si on fi li a ,

Cor de, vo ce, tan ge cœ los,

The clæ gau dens vic to ri â. **8.**

Paulum sequens per omnia	Ignem , feras et verbera
Mundum , deosque renuit:	Pertulit in Iconio;
Matrem spernens et prædia ,	Sensit non minus aspera
Regi regum se præbuit.	Seleuciæ confinio.

Multos ad fidem extulit,	Pia virgo, nos aspice,
Manus mittens ad fortia :	Regis adstans conspectui :
Multis salutem contulit,	Da nobis lucis cælicæ
Cooperante gratiâ.	Serenitate Perfrui.
Peracto vitæ termino	Sit honor, virtus, gloria
Cœli conscendit culmina :	Patri, Proli, Paraclito,
Ubi regnat cum Domino,	Qui nos cœlesti curiâ
Inter virginum agmina.	Coronet Theclæ merito. Amen.

℣. Specie tuâ et pulchritudine tuâ.

℟. Intende prosperè, procede et regna.

Ant. ad Magnificat. Virgo Dei Thecla claris natalibus orta, quæ martyr Christi post Christum prima fuisti : doctrinam Pauli, vitamque secuta magistri, nos jungas Christo mundo qui vivimus isto. *Cant.* Magnificat. 6.

ORAISON.

Da, quæsumus, omnipotens Deus, ut qui beatæ Theclæ virginis et martyris tuæ natalitia colimus, et annuâ solemnitate lætemur, et tantæ fidei proficiamus exemplo. Per Dominum.

AUX SECONDES VÊPRES.

Tout comme aux premières, excepté ce qui suit.

Ant. ad Magnificat. Prothomartyr, ô Thecla, virginum

quæ tor men ta sper nens im ma ni a præ-

di cas ti au dac ter Do mi num : tu quæ se quens

Pau li ves ti gi a, te lau dan tes per duc

ad ag mi num su per no rum op ta ta

gau   di a. *Cant.* Magnificat.   1.

MESSE DE SAINT FAUSTE.

Le chant comme au commun d'un confesseur pontife.

Introït. Sacerdotes tui, Domine, induant justitiam, et sancti tui exultent ; propter David servum tuum, non avertas faciem Christi tui. PS. Memento, Domine, David : et omnis man-suetudinis ejus. Gloria patri.

ORATIO.

Apud clementiam tuam, quæsumus, Domine, beatus Faustus confessor tuus et pontifex intercedat pro nobis, ut sicut illum pontificali, fecisti dignitate, fulgere, sic nos ipsius precibus cœlesti lumine facias illustrari. Per Dominum.

LECTIO LIBRI SAPIENTIÆ. *(Eccli.* 31.*)*

Beatus vir qui inventus est sinè maculâ, et qui post aurum non abiit, nec speravit in pecuniâ et thesauris. Quis est hic, et laudabimus eum ? fecit enim mirabilia in vitâ suâ. Qui probatus est in illo, et perfectus est, erit illi gloria æterna : qui potuit transgredi, et non est transgressus : facere mala, et et non fecit. Ideò stabilita sunt bona illius in Domino : et eleemosynas illius enarrabit omnis ecclesia sanctorum.

Graduel. Sacerdotes ejus induam salutari : et sancti ejus

exultatione exultabunt. ℣. illùc producam cornu David, paravi lucernam Christo meo.

Alleluia. Alleluia. ℣. Juravit Dominus, et non pænitebit eum : tu es sacerdos in æternum secundùm ordinem Melchisedech. Alleluia.

† Sequentia Sancti Evangelii secundùm Lucam. (12.)

In illo tempore: dixit Jesus discipulis suis : sint lumbi vestri præcincti, et lucernæ ardentes in manibus vestris : et vos similes hominibus expectantibus Dominum suum, quando revertatur à nuptiis : ut cùm venerit', et pulsaverit, confestim aperiant ei. Beati servi illi, quos cum venerit Dominus, invenerit vigilantes : amen dico vobis, quod præcinget se, et faciet illos discumbere, et transiens ministrabit illis. Et si venerit in secundâ vigiliâ, et si in tertiâ vigiliâ venerit, et ita invenerit, beati sunt servi illi. Hoc autem scitote, quoniam si sciret pater familias, quâ horâ fur veniret, vigilaret utique, et non sineret perfodi domum suam. Et vos estote parati : quia quâ horâ non putatis, filius hominis veniet. — Credo.

Offertoire. Verita mea, et misericordia mea cum ipso : et in nomine meo exaltabitur cornu ejus.

SECRÈTE.

Sancti Fausti confessoris tui atque pontificis, quæsumus, Domine, annua solemnitas pietati tuæ nos reddat acceptos : ut, per hæc piæ placationis officia, et illum beata retributio comitetur, et nobis gratiæ tuæ dona conciliet. Per Dominum.

Communion. Beatus servus, quem, cùm venerit Dominus, invenerit vigilantem : Amen dico vobis, super omnia bona sua constituet eum.

POST-COMMUNION.

Deus, fidelium remunerator animarum, præsta ut beati Fausti confessoris tui atque pontificis, cujus venerandam celebramus festivitatem, precibus indulgentiam consequamur. Per Dominum.

Pendant l'octave de Saint Fauste, on ne récite pas le Credo.

VÊPRES DE SAINT FAUSTE.

Tout est du commun des Confesseurs Pontifes : il n'y a de propre, que l'oraison : Apud clementiam, etc. comme à la messe,

FIN.

TABLE.

—

VIE DE SAINT MAXIME.

VIE DE SAINT FAUSTE.

CPSIA information can be obtained
at www.ICGtesting.com
Printed in the USA
BVHW011501050219
539515BV00016B/797/P

9 781293 36676